W0208536

ATLAS DER ERLEBNISWELTEN

3 4 5 6 02 01 00

Die Originalausgabe erschien 1999 unter dem Titel 'Atlas van de Belevingswereld'
im Verlag Dijkgraaf & Van der Veere Uitgevers, Holland

© für die Originalausgabe: Dijkgraaf & Van der Veere Publishers BV/Hoofdzaken, 1999, Holland

© für die deutsche Ausgabe: Eichborn AG, Frankfurt am Main, 2000

Deutsche Bearbeitung	Klaus G. Erdbrügger und Oliver Domzalski
Umschlaggestaltung	Christina Hucke
Satz und Layout	Hoofdzaken, Deventer, Holland
Produktentwicklung	Dijkgraaf & Van der Veere Uitgevers, Holland
Druck und Bindung	Neue Stalling, Oldenburg

ISBN: 3-8218-3569-9

Verlagsverzeichnis schickt gern:
Eichborn Verlag, Kaiserstraße 66, D-60329 Frankfurt am Main

www.atlas-der-erlebniswelten.de
www.worldofexperience.com

Die Autoren und Herausgeber sowie deren Mitarbeiter übernehmen keine Haftung, auf welcher Grundlage auch immer, für etwaige Folgen, die sich direkt oder indirekt aus dem Inhalt dieses Werkes ergeben.

Alle Rechte vorbehalten. Nichts aus diesem Buch darf ohne vorherige schriftliche Genehmigung der Herausgeber auf irgendeine Weise veröffentlicht, vervielfältigt, in einer Datenverarbeitungsanlage gespeichert oder übermittelt werden, sei es elektronisch, mechanisch, photomechanisch, durch photographische Aufnahmen oder Aufnahmen auf Tonträger oder auf andere Art.

ATLAS DER ERLEBNISWELTEN

Louise van Swaaij und Jean Klare

Texte von Prof. Dr. Ilja Maso und Dr. Saskia Sombeek

EICHBORN.

VORWORT

Atlanten sind wohl die Bücher, die die Phantasie am stärksten anregen. Schließlich fordert die Betrachtung von Bergen, Flüssen, Orten, Ländern und fernen Gegenden, Weltteilen und Ozeanen immer wieder unser Einfühlungs- und Vorstellungsvermögen. In einem Atlas gehen Phantasie und die dargestellte Wirklichkeit Hand in Hand.

Reisen, Abenteuer, fremde Gegenden und das stets lockende Unbekannte sind ohne Karten oder Atlas nicht denkbar. Ohne Karte fehlt jeder Bezugspunkt und jede Möglichkeit zur Positionsbestimmung. Ohne ein Dort gibt es kein Hier. Ohne Karte gibt es keine Welt.

Der *Atlas der Erlebniswelten* eröffnet den Zugang zu einer neuen und doch bekannten Welt. Auf den ersten Blick scheint dieses Buch ganz normale Karten von fernen Ländern zu enthalten, aber beim genaueren Hinsehen werden Sie erkennen, daß Sie auf die darstellbare Welt unserer Gedanken und Erlebnisse blicken. Der *Atlas der Erlebniswelten* basiert auf traditioneller Kartographie, aber die üblichen Orts- und Flußnamen wurden ersetzt durch Begriffe, die auf unseren täglichen Erfahrungen und Handlungen basieren.

> Umgeben von der BUCHT DER WEISHEIT, dem MEER DES ÜBERFLUSSES und dem MEER DER RUHE liegt dieser so bekannte und doch manchmal schwer zugängliche Kontinent, dessen Hauptstadt den Namen WACHSTUM trägt und wo die Flughäfen FLUCHT und FREIHEIT heißen – eine Welt, die auf jedermanns eigene Lebenserfahrung wartet. Mit großartigen, manchmal recht unwirtlichen Landschaften wie den BERGEN VON ARBEIT, der EBENE DER EINSAMKEIT, dem VULKAN DER LEIDENSCHAFT, dem QUELL DER EINGEBUNG und Außenposten wie HERAUSFORDERUNG und ZWEIFEL vergegenwärtigt diese Insel die beinahe nicht in Worte zu fassende Darstellung unseres Bewußtseins und unserer täglichen Erfahrungen, die wir während unserer abenteuerlichen Lebensreise sammeln.

Die topographischen Begriffe haben eine symbolische Bedeutung bekommen. Obwohl dies durchaus ernst gemeint ist, können Sie diesen Atlas in erster Linie als ein amüsantes, klug ersonnenes Werk ansehen, das dem Leben schelmisch zublinzelt. Die Welt des Erlebens ist eigentlich unerreichbar, weil wir uns schon mitten in ihr befinden. Unser Ursprung liegt ANDERSWO, und nach dort kehren wir auch wieder zurück.

Jean Klare und Louise van Swaaij haben auf der Basis der Karte der Erlebniswelt einundzwanzig Gebiete ersonnen und die dazugehörigen Karten entworfen. Die Karten sind angelegt in der subjektiven Projektion und werden im Maßstab eins zu unvorstellbar wiedergegeben. Jede Karte verbildlicht ein anderes Thema und wird begleitet von essayistisch-philosophischen Betrachtungen, verfaßt von Ilja Maso und Saskia Sombeek.

Treten Sie Ihre zweifellos mit Überraschungen gespickte Reise durch diesen besonderen Weltatlas an und gönnen Sie sich einen anderen, erfrischenden und möglicherweise klärenden Blick auf das Sein!

INHALT

	Anmerkungen	Karte	
Seite 9	LEGENDE		
Seite 11	EINLEITUNG		
Seite 15	GEHEIMNIS	KARTE 1	Seite 17
Seite 18	WISSEN	KARTE 2	Seite 20
Seite 22	TUN UND LASSEN	KARTE 3	Seite 24
Seite 26	ZUHAUSE	KARTE 4	Seite 28
Seite 30	LANGEWEILE	KARTE 5	Seite 32
Seite 34	GESUNDHEIT	KARTE 6	Seite 36
Seite 38	KÄLTE	KARTE 7	Seite 40
Seite 42	GEDANKENFLUSS	KARTE 8	Seite 44
Seite 46	VERGESSENE INSELN	KARTE 9	Seite 48
Seite 50	LEIDENSCHAFT	KARTE 10	Seite 51

Anmerkungen		Karte	
Seite 52	BERGE VON ARBEIT	KARTE 11	Seite 54
	WACHSTUM	KARTE 12	Seite 56
Seite 58	LEERE	KARTE 13	Seite 60
Seite 62	ENTBEHRUNG	KARTE 14	Seite 64
	CHAOS	KARTE 15	Seite 67
Seite 68	ABENTEUER	KARTE 16	Seite 70
Seite 72	GROSSES SCHLEMMEN	KARTE 17	Seite 74
Seite 76	GENUSS	KARTE 18	Seite 78
Seite 80	WANDEL	KARTE 19	Seite 82
Seite 84	VERGÄNGLICHKEIT	KARTE 20	Seite 86
Seite 88	ANDERSWO	KARTE 21	Seite 90
		INDEX	Seite 92

LEGENDE

- Gehöft/Weiler
- Siedlung
- Dorf
- Stadt
- GROSSSTADT
- HAUPTSTADT
- Wichtiges Gebäude / Sehenswürdigkeit

Gregor-Samsa-Straße — Straße oder Allee

BESTAND — Stadtteil

MEER, BUCHT

- Kraft
- Lärm
- Geräusch
- Spannung
- Gut/Burg/Schloss
- Flughafen
- Leuchtturm
- Industrie
- Aussichtsturm
- Gipfel
- Vulkan
- Fähre
- Wrack
- U-Boot
- Ruine
- Brücke

- Pipeline
- Gebiet
- Grenze
- Bahnlinie
- Zweigleisige Strecke
- Kreisstraße
- Bundesstraße
- Autobahn/Schnellstraße
- Fluss
- Staudamm
- H — Hochdruck
- T — Tiefdruck
- Wetterfront
- See
- Bebauung

- Tiefland
- Flachland
- Hochland
- Höhenzug
- Gebirge

- Strand
- Überflutetes Land
- Eis

- Laubwald
- Nadelwald
- Sumpf
- Niederschlag
- Friedhof

- Flaches Gewässer
- Tiefes Gewässer

s 10

EINLEITUNG

Es war einmal ein Vater, dessen Sohn ein rechter Nichtsnutz war. Eines schönen Tages, als der Sohn groß und stark geworden war, sagte der Vater zu ihm, daß er nun doch etwas lernen müsse, um auf eigenen Beinen stehen zu können. 'O Vater', antwortete der Sohn, 'gern will ich etwas lernen. Ich möchte lernen, was es heißt, sich zu gruseln.' Dabei wollte ihm ein jeder helfen. Und so begegneten ihm bald Stühle, die sich verrückten, unechte Geister, echte Gehenkte, ein Monster, das in zwei Hälften herumlief, ein Kegelclub, der menschliche Schädel und Knochen als Kugeln und Kegel benutzte, ein auferstandener Toter, der ihn zu würgen versuchte, und ähnliche solcher netten Dinge. Zwar wurde er hierbei reich und bekam eine Prinzessin zur Frau, aber noch immer wußte er nicht, was Gruseln bedeutete. Bis eines Nachts seine liebreizende Gemahlin, während er schlief, einen Eimer mit kaltem Wasser und glibberigen Brassen über ihm ausgoß, so daß die Fische auf seiner Haut herumzappelten. Das endlich lehrte ihn das Gruseln.

Gleich dem Jungen, der auszog, um das Gruseln zu lernen, jagen wir heutzutage in unserer Freizeit ununterbrochen Erlebnissen nach. Für die einen wird der Einkaufsbummel zum Erlebnis, andere ziehen ein Jazzkonzert vor. Wir fahren Achterbahn oder probieren einen hundertjährigen Cognac. Wir besteigen hohe Berge oder ziehen uns für einige Zeit in die meditative Welt eines buddhistischen Klosters zurück.

Der *Atlas der Erlebniswelten* ermöglicht es uns, die Welt kennenzulernen, in der die Lust auf Erlebnisse ihre Basis hat: die Welt in unserem Inneren. Auf unserer Reise dorthin werden wir vielfach auf Unbekanntes treffen – und wir werden lernen, Bekanntes in einem anderen Licht zu sehen. Sind Sie jemals von Wiegen und Wägen aus zur Einsamen Spitze emporgestiegen, zu Ehrgeiz und Wachstum gelangt, zu Selbstvertrauen und Unabhängigkeit? Oder mittels der Inneren Kündigung zu Abtauchen und Delegieren geflüchtet? Jede dieser Routen läßt sich auf der Karte Berge von Arbeit verfolgen. Der zugehörige Text macht Sie beispielsweise vertraut mit dem Zwiespalt zwischen ernsthaftem Bemühen und laxer Schluderei, zwischen Jobhopping und vierzig Jahren treuen Dienstes, zwischen Ehrgeiz und Strebertum.

Und auch wenn Sie schon überall gewesen sein sollten, dürfen Sie sich immer noch auf das Fest des Wiedersehens freuen. Orte, Straßen und Flüsse rufen Erinnerungen wach an das, was einst war oder immer noch ist. Der herrliche Urlaub, ein überwältigendes Diner, langanhaltende Leidenschaft – Sie kennen das alles, aber wie schön ist es, die Erinnerung hieran beim Lesen erneut emporkommen zu fühlen.

So alt wie die Menschheit ist der Wunsch zu wissen, wo wir uns befinden, wo wir hergekommen sind und wo uns unser Weg hinführt. Deshalb wurden schon immer und überall Landkarten gefertigt – in den Sand gezeichnet, auf Leder, Papyrus oder Leinen –, damit wir uns orientieren können.

Diese Orientierungshilfe gibt Ihnen auch der *Atlas der Erlebniswelten*, wenn Sie seine Seiten wie normale Landkarten 'lesen': Suchen Sie Ihren Standort auf, erkunden Sie die unmittelbare Umgebung und finden Sie den schnellsten, angenehmsten oder lehrreichsten Weg zu Ihrem Ziel. Oder Sie schlendern entspannt und ziellos von Ort zu Ort und sind aufnahmebereit für alles Schöne, das sich unterwegs anbietet.

Vielleicht kommt Ihnen auf der einen oder anderen Karte überhaupt nichts bekannt vor, oder eine bestimmte Stadt, ein Fluß oder Weg fehlt Ihnen in Ihrem eigenen Erfahrungsschatz. Dann wird es höchste Zeit, daß Sie sich auf Entdeckungstour begeben: Sie packen Ihren Koffer oder Rucksack und machen sich mit einem kräftigen Schuß Unternehmungslust auf den Weg – mit Kompaß, Feldstecher und Machete im Gepäck. Sie betreten neue Pfade, erkunden unerforschte Stromschnellen und erklimmen unbekannte Berge!

Schließlich will dieser Atlas auch ein Lächeln auf Ihr Gesicht zaubern. Die Leichtfüßigkeit, die aus jeder Karte spricht, soll Sie anspornen, Ihre Schritte hierhin und dorthin zu lenken und vielleicht auch einmal ein Stück rückwärts zu gehen. Der jeder Karte vorangestellte Text dient dazu, Ihre Phantasie auf das betreffende Gebiet zu richten und anzuregen und Ihre Reiselust anzufachen. Die Texte sind nicht als Begleitung oder Erklärung der Karten gedacht. Auch werden Sie feststellen, daß auf den Karten Ländergrenzen nicht vorkommen. In der Welt des Erlebens kann der Reisepaß zu Hause bleiben. Überall sind Sie bekannt und von Herzen willkommen.

Ilja Maso

S 14

GEHEIMNIS

KARTE 1

Jeder hat Geheimnisse.

Schon als Kind führten wir ein geheimes Tagebuch, hatten ein Versteck für unsere Schätze, hielten manchmal geheim, wo wir gewesen waren, erlangten mit einem Kennwort Zugang zu der geheimen Waldhütte. Diese Geheimnisse gaben uns das Gefühl, über ein eigenes Stück Leben zu verfügen, außerhalb der Kontrolle unserer Eltern. Solche Geheimnisse zu haben ist gut. Sie helfen uns, unsere Unabhängigkeit zu entwickeln, und bieten uns eine Fluchtburg, auf die wir uns bei Bedarf zurückziehen können.

Später, auf dem Weg zum Erwachsensein, ersetzen wir das reale Geheimversteck durch Gefühle, die wir vor unserer Umwelt verbergen. Soweit pubertierende Heranwachsende mit ihren Gefühlen überhaupt etwas anfangen können, erzählen sie davon nur noch das ihren Eltern, was sie tatsächlich nach außen dringen lassen wollen. Der Spiegel dieses Entwicklungsschritts ist ihr Zimmer: Da es ihre innere Aufgewühltheit widerspiegelt, hat dort unaufgefordert niemand Zutritt.

Diese Gefühle erhalten in unserem weiteren Leben eine definierte Struktur und schaffen die Möglichkeit, immer tiefer in uns selbst hinabzusteigen. Dort entdecken wir Schätze, von denen wir den Rest unseres Lebens zehren können, ohne ihre Unerschöpflichkeit je zu begreifen. Ihr Geheimnis ist so groß, daß wir es niemals preisgeben könnten. Dies ist die innere Quelle, aus der jeder von uns Kraft, Eingebung und Trost schöpft, um dem nächsten Tag ins Auge sehen zu können.

Gemessen an diesem Schatz verblassen unsere übrigen Geheimnisse – so wie die Frage nach dem Inhalt einer Damenhandtasche banal ist im Vergleich mit den Geheimnissen des Universums. Geheimnisse, für die wir uns schämen. Leid, das wir anderen zugefügt haben, unsere Schwächen und schlechten Eigenschaften, von denen wir nichts wissen wollen. Wir tragen diese Geheimnisse, häufig schon seit unserer Kindheit, als Last mit uns herum. Sie nach langen Jahren zu enthüllen, kann auch komische Formen annehmen, wie das Beispiel eines Gruppentrainings zeigt, bei dem die Teilnehmer aufgefordert wurden, jeweils ein Geheimnis zu offenbaren, das sie noch niemandem erzählt hatten.

> Wir waren plötzlich allesamt wie mit Stummheit geschlagen. Ich ging schnell meine Liste mit all den schrecklichen Dingen durch, die ich auf dem Kerbholz hatte: scheußliche Sachen, die ich gesagt hatte, widerliche Gedanken, mit Schuld beladene Taten, die ich jetzt unterließ. Der beleidigende Brief, den ich meinem Vater auf seinen Schreibtisch legte, und dann als ich – nein, das war einfach zu gräßlich. Es war klar, daß alle dasselbe taten. Jeder grub nach den Widerwärtigkeiten in seiner Vergangenheit. [...]
>
> 'O.K., ich mache den Anfang', bot Lloyd Fredericks übermütig an. 'Es macht mir nicht so viel aus, weil es so schlimm nicht ist. Als Teen habe ich mal Süßigkeiten aus einem Laden mitgehen lassen. Ich habe das noch nie gebeichtet. Ich weiß noch nicht mal, warum ich das Zeug eigentlich überhaupt geklaut habe.'
>
> 'Das versteht der unter einem Geheimnis?' dachte ich. 'Das ist doch eine Lappalie. Wer macht sich denn über so etwas Gedanken?'

'O.K.', sagte eine Dame entschlossen, aber mit zusammengebissenen Zähnen. 'Ich hatte eine Affäre mit einem verheirateten Mann.' Sie blickte in die Runde, um zu sehen, wie schockiert wir alle waren.
'Ach was', lachte Lawrence Briggs, 'das hat doch jeder mal getan!' Die Dame schien nicht begeistert. Ich saß neben den beiden und war damit der nächste. 'Em', stammelte ich. Ich fühlte mich schrecklich, wertlos, den Feuertod verdienend. 'Ich –' Ich wagte Jane nicht anzublicken. 'Ich habe meinen Hund einmal mit einem Stock geschlagen', brachte ich schließlich heraus und mußte dabei meine Tränen unterdrücken.
Stille. Jane zuckte mit den Schultern. 'Jetzt sollte ich sicher sagen, daß ich überrascht bin, Sue, aber wenn dich so etwas schon aufregt!' Sie blickte den nächsten an, der ein langes, gequältes Geständnis darüber ablegte, daß er seinen greisen Vater zu sich nach Hause genommen hatte, obwohl er ihn haßte. Ich hätte ihn fast ausgelacht. Na und? Zumindest hast du nie deinen Hund geschlagen! [1]

Dem Schweizer Psychiater C.G. Jung zufolge verdrängen wir alles, was unser Selbstbild in Frage stellt – nicht nur schlechte Eigenschaften und Angewohnheiten, sondern auch gute. Hierdurch, so Jung, entwickelt jeder Mensch im Laufe seines Lebens eine Art Schatten-Ich: ein Geheimnis, das uns umgibt und aus allen von uns negierten Eigenschaften und Taten besteht. Je mehr wir verdrängen, desto stärker und bedrohlicher wird unser Schatten. Dies ist ungesund, und Jung rät uns deshalb, unseren Schatten zu erforschen und in unsere Persönlichkeit zu integrieren.

Dies gilt auch für Familiengeheimnisse. In wohl jeder Familie gibt es einen Onkel oder eine Tante, über die man nicht spricht, oder eine Schwester, die aus nicht recht erfindlichen Gründen nie mehr zu Besuch kommt. Familiengeheimnisse können sehr schwer wiegen, und ihre Enthüllung droht Beziehungen zu zerstören. Ein Beispiel für derartige Geheimnisse ist der fiktive Sohn von Martha und George in *Wer hat Angst vor Virginia Woolf?* Als Martha nach viel Alkohol vor Freunden gerührt von dem Sohn erzählt, teilt George ihr mit, ihr Sohn sei tödlich verunglückt. Martha reagiert hysterisch. George macht ihr deutlich, warum er den Sohn hat sterben lassen: 'Du hast dich nicht an die Spielregeln gehalten! Du hast über ihn gesprochen; du hast über ihn gesprochen, im Beisein anderer!' [2] Das Geheimnis in ihrer Beziehung war zerstört, und sie mußten eine andere Grundlage finden, auf der sie weiter zusammenleben konnten.

Schließlich gibt es noch Geheimnisse, die eigentlich keine sind. Es sind die Geheimnisse des Erfolgs: Reich werden in zwölf Monaten. Die Kunst, allein zu sein. Wie ich den Rest des Lebens nur noch mit demselben Partner schlafe (und es immer noch schön finde). Schlank werden durch mehr Essen. Wie man glücklich, anziehend, erfolgreich wird und jung bleibt. Zu den sogenannten offenen Geheimnissen gehört, daß sie überall hinter vorgehaltener Hand weitergegeben und in der Regenbogenpresse enthüllt werden: Wer mit wem geht, wer wessen uneheliches Kind ist, der Streit in den Ehen der Reichen und Schönen, das Geheimnis des fremdgehenden Partners, von dem der oder die Betrogene immer als letzter erfährt.

Und manche Dinge schließlich sollten wirklich geheim bleiben, aber die Brülltalkshows der Gegenwart machen uns voyeuristische Zuschauer zu Mitwissern der freimütig ausgeplauderten Geheimnisse wildfremder Menschen. Diese müssen danach ohne Geheimnis weiterleben – eine gruslige Vorstellung, oder nicht?

1 Susan M. Watkins, Conversations with Seth: The Story of Jane Roberts's ESP Class. Band 1. New York 1980, S. 87f.
2 Edward Albee, Wer hat Angst vor Virginia Woolf...? (1962) Frankfurt/Main 1994, S.141

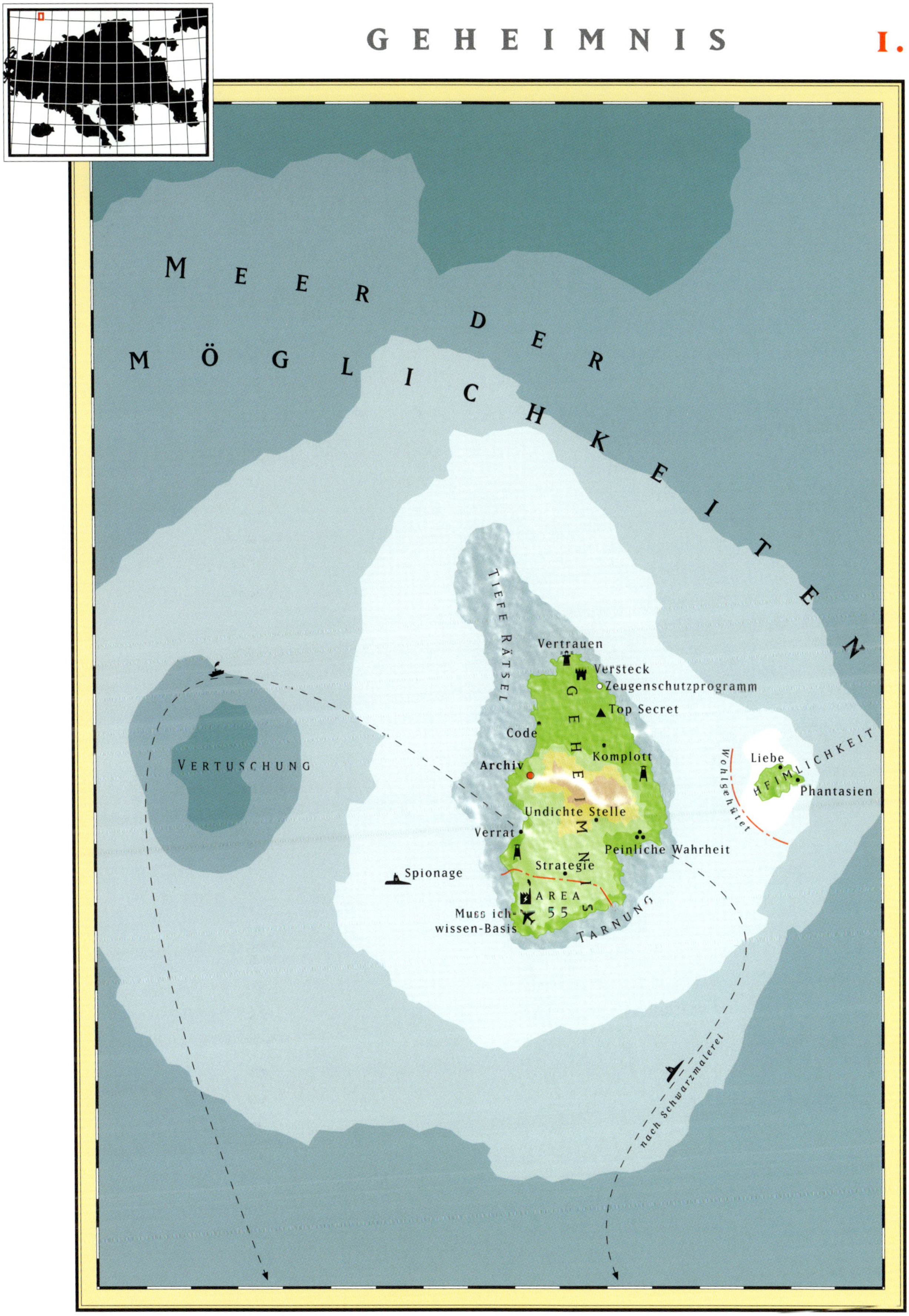

MASSSTAB 5 10 15 20 25

Eigentlich wissen wir nicht, ob wir etwas wissen. Um das zu wissen, müßten wir ja wissen, wann von Wissen die Rede ist, aber genau das ist, was wir eigentlich wissen wollen. Derartige Probleme überlassen wir aber besser den Philosophen; das ist schließlich deren Job. Wir wissen, was wir wissen, und das reicht für unsere Zwecke. Man nennt dies den gesunden Menschenverstand. Dieser sagt uns:

- Die Sonne geht im Osten auf und geht im Westen unter.
- Wir leben in einem Körper, können uns erkälten, und unser Herz sitzt links.
- Zwei Menschen sehen dasselbe, wenn sie dasselbe betrachten.
- Fast food ist ungesund.
- Es ist gut für uns, Urlaub zu machen.
- Es macht einen Unterschied, welcher Partei wir unsere Stimme geben.
- Wir können uns hinhocken.
- Kranksein ist ungesund.
- Eine Frau meint nein, wenn sie nein sagt.
- Der Blitz schlägt nicht zweimal an derselben Stelle ein.
- Zu jedem Schloß paßt ein Schlüssel.
- Wir können sagen, was wir denken.
- Alles hat einen Anfang, ein Ende und eine Ursache (außer Gott).
- Was wissenschaftlich bewiesen ist, ist wahr.
- Ärzte und Medizin lindern Krankheiten.

Obwohl die Wissenschaft auf gesundem Menschenverstand basieren sollte, denkt man dort bekanntlich anders über all diese Dinge. Und wenn die Wissenschaft einmal genauso denkt wie der gesunde Menschenverstand, drückt sie dies so kompliziert aus, daß man glaubt, sie denke doch anders darüber. Die Wissenschaft ist eben von seltsamen Menschen bevölkert, die sich merkwürdig verhalten und denken.

Die Weiße Königin aus Lewis Carrolls Buch *Alice im Spiegelland* ist der Prototyp des verschrobenen Wissenschaftlers. Sie sieht unglaublich ungepflegt aus. Ihr Haar ist so verzottelt, daß die Haarbürste darin steckengeblieben ist. Sie bietet Alice für ihre Dienste einen lächerlich geringen Lohn: zehn Pfennig pro Woche und an jedem zweiten Tag Marmelade – das heißt gestern und morgen, aber nicht heute, und damit niemals. Zur Begründung macht sie geltend, dies sei die Folge des zurückgebliebenen Lebens, das sie führe. Daß in ihrem Leben die Zeitabläufe gründlich durcheinandergeraten sind, untermauert sie unter anderem mit folgender Vorführung: Sie klebt sich erst ein Pflaster auf, schreit dann vor Schmerz, weil ihr Finger angeblich blute, und sticht sich zum Schluß in diesen Finger. Sie ist eine typische Verhaltenswissenschaftlerin mit allen dazugehörigen kuriosen Auffassungen über den Menschen. Wenn Alice zum Beispiel erwähnt, daß sie sich über etwas freue, reagiert die Weiße Königin so:

> 'Ach, wenn *ich* nur froh sein könnte! Nur, ich kann mir einfach die Gebrauchsanweisung nicht merken. Du hast großes Glück, daß du in diesem Wald wohnst und froh sein kannst, wann du willst.'

> 'Aber es ist hier doch so schrecklich einsam', sagte Alice. Plötzlich war sie so traurig, daß ihr die Tränen über die Backen liefen.
> 'Du meine Güte – alles, nur das nicht!' rief die Königin und rang verzweifelt die Hände. 'Bedenke, was für ein großes Mädchen du bist. Bedenke, woher du heute schon gekommen bist! Bedenke, wieviel Uhr es ist! Bedenke alles – nur weine nicht!'
> Nun mußte Alice, mitten im Weinen, auf einmal lachen. 'Können Sie denn mit Weinen aufhören, wenn Sie an was anderes denken?' wollte sie wissen.
> 'Das ist die einzig richtige Methode', sagte die Königin entschieden. 'Niemand kann zwei Dinge gleichzeitig tun.' [1]

Um Freude, Leid oder ein beliebiges anderes Gefühl zu zeigen oder zu unterdrücken, müssen wir laut der Weißen Königin lediglich wissen, welche Regel wir hierauf anzuwenden haben. Ein typisches Beispiel für das Verwechseln eines Schemas mit der Wirklichkeit, in der sich Verhalten ungleich viel komplexer darstellt. Aber es ist der Weißen Königin unmöglich, mit Gefühlen auf eine normale, menschliche Weise umzugehen. Es ist schwer zu beweisen, scheint mir aber äußerst wahrscheinlich, daß zwischen ihr und der Schneekönigin, die wir im Kapitel 'Kälte' kennenlernen werden, eine enge Verwandtschaft besteht. Vielleicht ist die Weiße Königin die ältere Schwester der Schneekönigin, und der Mangel an Wissen über Gefühle liegt in der Familie.

Nicht genug damit, daß die Weiße Königin vor Gefühlen zurückscheut, merkwürdigen Auffassungen anhängt wie der, unser Verhalten folge festen Regeln – sie erhebt sich auch über die Sorgfalt und das gesunde Mißtrauen, mit dem wir uns im täglichen Leben behaupten. So befragt sie Alice:

> 'Wie alt bist du?'
> 'Siebeneinhalb genau.'
> 'Das *genau* war überflüssig', erwiderte die Königin. 'Ich glaube es dir auch so. Jetzt aber sollst du *mir etwas* glauben: Ich bin genau einhundertundein Jahr, fünf Monate und einen Tag alt.'
> 'Das glaub ich nicht.' rief Alice.
> 'Kannst du oder willst du nicht?' meinte die Königin nachsichtig. 'Versuch es noch einmal – atme tief durch und schließe die Augen!'
> Alice lachte. 'Das nützt doch nichts! Was unglaublich ist, kann man nicht glauben.'
> 'Ich nehme an, du hast es nur nicht genügend geübt.' [2]

Durch ausreichende Übung, so meint die Wissenschaft, können wir lernen, an das Unmögliche zu glauben. Zum Beispiel, daß die Erde sich um die Sonne drehe – während doch jeder klar sehen kann, daß die Sonne im Osten hochkommt und im Westen wieder hinter der Erde wegtaucht. Und wir alle wissen aus Erfahrung, daß die kürzeste Verbindung zwischen zwei Punkten keine gerade Linie ist, und daß unsere Eltern uns ganz schrecklich lieb haben, obwohl sie uns alles und jedes verbieten.

Wir müssen von klein auf viel von diesem unbegreiflichen Wissen verkraften. Lehrbücher, Schule, Universität – alle scheinen sich verbündet zu haben, uns möglichst viel gesunden Menschenverstand und Erfahrungswissen auszutreiben. Aber ob wir durch das ganze wissenschaftliche Wissen wirklich schlauer werden?

1 Lewis Carroll, Alice im Spiegelland (1871). Hamburg 1990, S. 82f.
2 Ebenda, S. 83

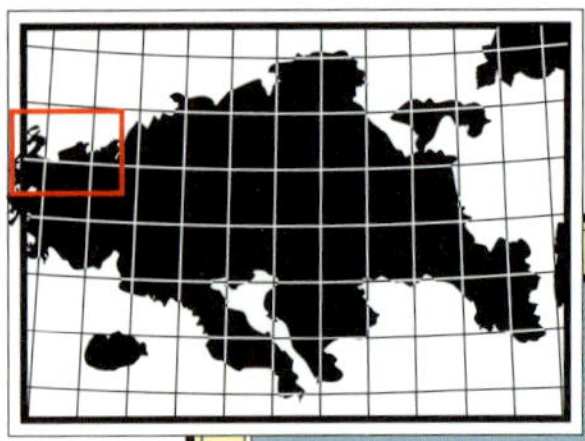

s 20

MASSSTAB 10 20 30 40 50

Durchblick
GEHEIMNIS
Einsicht
KLARHEIT
Vision
Überblick
Ansicht
BUCHT DER WEISHEIT
Vermutung
Herbeiwünschen
Begreifen
Rat
LEHRE
LEHREN
nach Geheimnis
Halluzination
Absonderung
Sonderling
Schwarzmalerei
Abschweifen
Unsinn
Luftikus
Siehst du wohl
Adam Riese
Duden
Entdeckung
Ermitteln
BRAINSTORMING
Freier Lauf
Genie
Wissen
Wissensstand
UNWISSEN
Luftschlösser
PHANTASIE
TUN UND LASSEN
Wunsch
WALD DER NEUGIERDE
uf der Höhe
Märchen
auptsache
Fleiß
KOMPOSITION
KREATIVITÄT
Ersinnen
Konstrukt
GEDANKENFLUSS
EINSTEIN
Weltformel
Hawking
Fermi
Newton
Euler
Gauß
Fermat

Noch im Mittelalter dachten wir, unser Leben werde ausschließlich durch die Vorsehung bestimmt. Während der letzten Jahrhunderte dagegen fühlen wir uns mehr und mehr als Herren unseres eigenen Geschicks. Früher verwiesen die Menschen gerne entschuldigend auf den Platz, der ihnen im irdischen Jammertal nun einmal zugewiesen worden sei. Heute erdrückt uns die Last unserer eigenen Verantwortung, denn unser Tun und Lassen sollte eigentlich eine Konsequenz unserer freien Entscheidung sein.

Und doch gehen wir mit dem unzufriedenen Gefühl durchs Leben, daß wir eigentlich gern etwas anderes tun würden, als wir tatsächlich tun. Aber 'wenn Tun genau so einfach wäre wie wissen, was wir tun sollten, wären Kapellen Dome und die Hütten der Armen die Paläste von Prinzen', sagt Shakespeare in seinem *Kaufmann von Venedig*. Natürlich verfügen wir über einen freien Willen, aber wir unterwerfen ihn wieder und wieder unseren Gewohnheiten. Daran sind wir so gewöhnt, daß wir deren Macht nicht erkennen.

Allerdings gibt es Phasen in unserem Leben, in denen weniger Vorsehung oder freier Wille, sondern vielmehr Hormone, Neurosen oder Lebensalter die Regie unseres Tuns und Lassens übernehmen. Pubertät, Adoleszenz und Midlife-crisis sind hervorragend als Ausrede geeignet, uns schlecht zu benehmen. Wir tun, was wir lassen sollten, und lassen, was wir tun sollten. Während vor dieser Zeit die Macht der Gewohnheit uns im Griff hatte, scheint jetzt die Revolution ausgebrochen. In der Pubertät rebellieren wir gegen Gewohnheiten, die uns schon immer lästig waren, während der Adoleszenz und der
S 22 Midlife-crisis lehnen wir uns gegen Gewohnheiten auf, die uns vorher noch nie lästig waren.

Dieser Widerstand kann extreme Formen annehmen. Während seiner Pubertät hatte der englische Schriftsteller Graham Greene im Herbst des Jahres 1923 sein normales Leben so satt, daß er dachte, er habe die perfekte Abhilfe gefunden, als ihm ein Revolver in die Hände fiel. Er hatte gelesen, wie weißrussische Offiziere ihre Langeweile durch 'Russisch Roulette' zu vertreiben suchten: Sie luden ihre Revolver mit nur einer Patrone, ließen die Trommel einige Male rotieren, hielten sich den Revolver an die Schläfe und drückten ab. Die Chance, sich dabei zu erschießen, betrug eins zu fünf. Greene gefiel die Idee.

> Ich setzte den Lauf an mein rechtes Ohr und zog durch. Es klickte leise, und als ich die Trommel betrachtete, sah ich, daß der Revolver jetzt schußbereit war. Bei der nächsten Kammer hätte es mich erwischt. Ich erinnere mich an ein überwältigendes Glücksgefühl, als flammte plötzlich Karnevalsbeleuchtung in einer finsteren, trostlosen Gasse auf. Mein Herz hämmerte gegen die Rippen, und das Leben hielt eine Unzahl von Möglichkeiten für mich bereit. [...]
>
> Ich verschaffte mir dieses Erlebnis noch einige Male. In ziemlich großen Abständen kehrte das Verlangen nach der Adrenalinspritze wieder. [...]
>
> Allmählich verlor die Droge ihre Wirkung – das Glücksgefühl stellte sich nicht ein, und es blieb bald nichts übrig als eine kurze, dumpfe Erregung. [...]
>
> Zu Weihnachten 1923, ich war wieder in Berkhamsted, nahm ich endgültig Abschied von der Droge. Als ich zum fünften Mal meine Dosis nahm, womit meiner Meinung

nach die Chancen zwischen Tod und Leben ausgeglichen waren, stellte ich fest, daß ich nichts mehr empfand: ich drückte so gleichgültig ab, als schluckte ich eine Aspirin. [1]

In der Pubertät und der Adoleszenz werden neue Angewohnheiten ausprobiert und, wenn sie nicht halten, was sie versprachen, auch schnell wieder aufgegeben. Das gelingt dann noch – schließlich lehrt uns der Talmud: 'Die Angewohnheit ist anfänglich leicht wie ein Spinnfaden, aber sie wird schnell so stark wie ein Tau.' Erst haben wir Gewohnheiten, dann haben die Gewohnheiten uns.

Wir treiben weiter auf dem Strom unseren Tuns und Lassens, bis unvermeidlich die nächste große Krise auftaucht – die der Lebensmitte. Weil wir uns jetzt nicht mehr von unseren Eltern absetzen können, schlagen wir nun gegen alles los, was uns lieb ist. Wollten wir in der Pubertät unser Verhalten ändern, um älter zu werden, benehmen wir uns jetzt daneben, um wieder jung zu sein. Shakespeares 'Alter, wie ich dich hasse; Jugend, wie ich dich anbete' ist jetzt unser Schlachtruf. Wir beginnen ein neues Leben, als ob wir wieder Twens wären. Oder eigentlich: Pubertierende, mit häufig den gleichen Problemen und Lösungen. Genau wie damals probieren wir unser Äußeres und Inneres in ein Idealbild zu zwingen, wobei wir jetzt den Partner wechseln, den Job oder das Auto, oder uns liften lassen. Wie damals wollen wir den Alltagstrott durchbrechen und Spannung in unser Leben bringen. Ähnlich dem pubertierenden Greene hat der in seiner Midlife-crisis steckende Faust denn auch stets ein Fläschchen Gift bei sich, das er nur mit dem festen Vorsatz, es auszutrinken, in die Hand nehmen muß, um sich wieder besser zu fühlen.

Ich sehe dich, es wird der Schmerz gelindert,
Ich fasse dich, das Streben wird gemindert,
Des Geistes Flutstrom ebbet nach und nach.
Ins hohe Meer werd ich hinausgewiesen,
Die Spiegelflut erglänzt zu meinen Füßen,
Zu neuen Ufern lockt ein neuer Tag. [2]

Goethes Faust fand eine romantische Lösung für seine Krise: Er schloß einen Pakt mit dem Teufel, um vierundzwanzig Jahre lang jung zu bleiben. Er durfte sich dabei allerdings an nichts und niemandem festklammern, sonst würde er in der Hölle enden. Anstatt sich dem Teufel anzudienen, versucht der durchschnittliche männliche 'Midlife-crisianer', sich an einer vierundzwanzig Jahre jüngeren Gespielin festzuklammern. Davon wird man wohl auch ziemlich jung. Gleichzeitig aber ist die Hölle auch nie weit entfernt.

Haben wir auch dies überlebt, übernehmen unsere, manchmal neuen, Gewohnheiten wieder das Kommando. Bis in seine Sechziger hatte der Philosoph Immanuel Kant die Strudel gesellschaftlicher Zerstreuungen genossen und sich auch mit einigen Affären vergnügt. Seine letzte Lebensphase aber wurde so von Vernunft und Gleichmaß beherrscht, daß die Einwohner von Königsberg ihre Uhren nach seinen Spaziergängen stellen konnten. Wir leben in der Illusion eines freien Willens. Aber offenbar treffen wir nur in zwei Lebensphasen wirklich Entscheidungen und tun etwas anderes als zuvor.

1 Graham Greene, Eine Art Leben. Wien/Hamburg 1971, S. 147f.
2 Johann Wolfgang von Goethe, Faust I. Stuttgart 1971, S. 22

MASSSTAB 10 20 30 40 50

S 24

L A S S E N

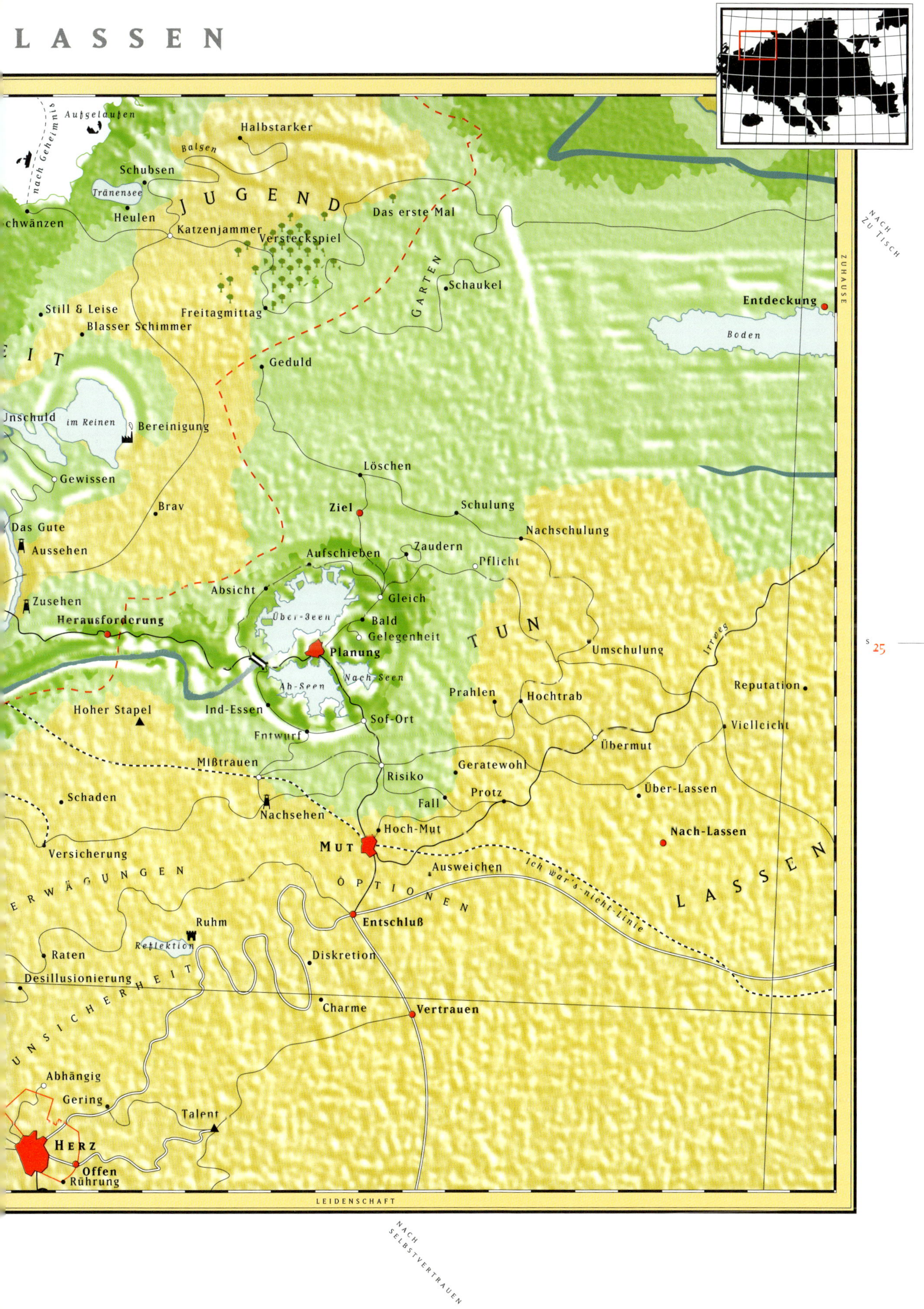

nach Geheimnis
Aufgelaufen
Halbstarker
Balgen
Schubsen
Tränensee
Heulen
schwänzen
J U G E N D
Katzenjammer
Versteckspiel
Das erste Mal
GARTEN
Schaukel
Still & Leise
Blasser Schimmer
Freitagmittag
Entdeckung
Boden
ZUHAUSE
NACH ZU TISCH
Geduld
Unschuld
im Reinen
Bereinigung
Gewissen
Löschen
Ziel
Schulung
Nachschulung
Brav
Das Gute
Aussehen
Aufschieben
Zaudern
Pflicht
Absicht
Gleich
Zusehen
Herausforderung
Über-Seen
Bald
Gelegenheit
T U N
Umschulung
Irrweg
Planung
Nach-Seen
Ab-Seen
Prahlen
Hochtrab
Reputation
Hoher Stapel
Ind-Essen
Sof-Ort
Vielleicht
Übermut
Entwurf
Mißtrauen
Geratewohl
Risiko
Über-Lassen
Schaden
Protz
Fall
Nachsehen
Hoch-Mut
Nach-Lassen
MUT
Versicherung
Ausweichen
Ich war's-nicht-Linie
L A S S E N
ERWÄGUNGEN
OPTIONEN
Entschluß
Ruhm
Reflektion
Raten
Diskretion
Desillusionierung
UNSICHERHEIT
Charme
Vertrauen
Abhängig
Gering
Talent
HERZ
Offen
Rührung
LEIDENSCHAFT
NACH SELBSTVERTRAUEN

ZUHAUSE KARTE 4

Nach dem Krieg mit Troja hatte König Odysseus nur einen Wunsch: schnellstmöglich nach Hause zurückzukehren. Das Glück war ihm allerdings nicht hold. Zehn Jahre lang mußte er über das Meer irren und vielen Listen und Gefahren trotzen, bevor er Haus und Hof wiedersehen durfte. Keine noch so liebreizenden Nymphen und Sirenen konnten sein Verlangen nach seinem geliebten Ithaka und seiner anmutigen Gattin Penelope stillen. Schließlich wurde Odysseus durch das seefahrende und ihm wohlgesonnene Volk der Phäaken schlafend auf dem Strand von Ithaka abgelegt. Er erwachte – und wußte nicht, wo er war. So berichtet es Homer in seiner *Odyssee*:

> Der König aber erkannte sein eigenes Reich nicht wieder – die sich lang hinziehenden, im Gebirge entschwindenden Pfade, die stillen Buchten, die kantigen Felsen, die grünen Bäume. Er sprang auf und starrte verstört auf das Land seiner Jugend und seines Verlangens. Voll Verzweiflung verbarg er sein Gesicht in den Händen: 'Wohin nur hat es mich jetzt wieder verschlagen?! Ist dies ein Land wilder Barbaren, die sich von Menschenfleisch ernähren, oder wohnen hier brave Leute, die die Götter ehren und achten?'

Pallas Athene, Odysseus' persönliche Schutzgöttin, hatte ihn in tarnenden Nebel gehüllt, damit Odysseus für seine Feinde unsichtbar blieb. Der Nebel sorgte allerdings auch dafür, daß Odysseus sich auf fremder Erde wähnte. Erst als Pallas Athene den Nebel auf-
S 26 hob, fiel Odysseus auf die Knie und küßte den Boden seines Vaterlandes. Dann hob er die Hände gen Himmel und betete zu den Nymphen [von Ithaka]: 'Willkommen, Töchter von Zeus, Ihr geliebten Nymphen, die Ihr die Brunnen beschützt! Nie hätte ich gedacht, Euch noch einmal zu sehen und zu Euch beten zu dürfen, wie ich Euch jetzt anbete. Wie zuvor werde ich Euch Opfer darbringen!'

Odysseus' Orientierungslosigkeit beim Aufwachen ist typisch für jemanden, der lange von seinem Zuhause weg war. Während ein Fremder der neuen Umgebung meist offen und aufnahmewillig gegenübertritt, glaubt der Heimkehrer anhand seiner Erinnerungen präzise zu wissen, wohin er kommt. Voller Vorgefühle und Erwartungen betritt er das Bekannte. Sowohl Heimkehrer als auch sein Zuhause haben sich allerdings in der Zwischenzeit verändert, und ein besonders schmerzliches Gefühl der Fremdheit überfällt den Heimkehrer. Gerade weil hier und da etwas Vertrautes durchschimmert, ist die Entfremdung am Anfang oft komplett. Die Nebelschwaden, in die der Heimkehrer sich anfänglich gehüllt sieht, heben sich erst allmählich, bis er sich schließlich wieder mehr oder weniger zu Hause fühlt.

Aber etwas fehlt. Denn das Zuhause ist für uns ein mit Gefühlen verbundenes Symbol geworden; es beschreibt eine Sehnsucht nach Vertrautheit, Geborgenheit, Sicherheit, Wärme, Zuneigung und der Möglichkeit, einfach nur man selbst zu sein. Aber auch nach dem flauschigen Teppich, dem Geruch von Lilien, dem Lied, das die Mutter früher sang, und dem mißlungenen Schokoladenpudding. Kurz, die Suche nach der verlorenen Zeit. Denn wie Marcel Proust schon wußte: Das wahre Paradies ist das verlorene Paradies.

In seinem Buch *Kindheit und Gesellschaft* betont der Psychoanalytiker Erik H. Erikson seitenlang die Notwendigkeit, daß Babys ein Grundgefühl von Vertrauen entwickeln. Anschließend legt er dar, daß dieses Vertrauen nie vollständig sein kann. Selbst unter günstigsten Umständen wird das Kind in dieser Phase ein Gefühl innerer Zerrissenheit und ein allgemeines Verlangen nach einem verlorenen Paradies entwickeln. Für Eltern dürfte es eine ziemlich entmutigende Vorstellung sein, daß sie Kinder großziehen, die niemals ihr eigentliches Lebensziel erreichen werden, sondern wie der mit einem Fluch belegte Odysseus dazu verurteilt sind, bis zum Ende ihrer Tage umherzuirren und stets nach einem Zuhause zu suchen, das sie niemals finden können.

Freud war der Ansicht, bei diesem Paradies, nach dem wir uns alle letztlich zurücksehnen, handele es sich um die Gebärmutter. Nachdem 1927 *Die Zukunft einer Illusion* erschienen war, schrieb ihm ein Freund, der Dichter Romain Rolland, wegen der darin vertretenen Auffassung, die Religion sei eine Art Massen-Neurose. Rolland schrieb, daß er zwar keine religiösen Neigungen habe, ihn aber doch ab und zu 'ozeanische Gefühle' ankämen, ein Gefühl von Unendlichkeit, Grenzenlosigkeit und Ewigkeit. Freud antwortete, daß ihm persönlich solch ein Gefühl unbekannt sei, es sich hierbei aber zweifelsohne um ein Überbleibsel unserer allerersten Erfahrungen handele, nämlich derer aus der Gebärmutter. Ist auf sie unser Verlangen nach Vertrautheit und Geborgenheit gerichtet? Liegt das letztgültige Zuhause im Mutterschoß verborgen und ist deshalb unerreichbar?

Für den Soziologen und Psychoanalytiker Erich Fromm ist dieses universelle Verlangen des Menschen sehr wohl zu erfüllen. Laut ihm bezieht sich unsere Sehnsucht nicht so sehr auf die Gebärmutter als vielmehr auf das Gefühl von Eins-Sein, das wir vor unserer Geburt empfanden. Dies bedeutet nach Fromm nicht, daß wir danach streben, wieder zum ungeborenen Fötus zu werden, sondern daß wir 'vollständig' geboren werden wollen. Damit will er ausdrücken, daß wir unser Zuhause auch finden können, indem wir durch adäquate Entwicklung unseres Bewußtseins, unserer Vernunft und unserer Liebesfähigkeit unsere egozentrische Abgeschlossenheit überwinden und damit Harmonie erlangen, ein neues Eins-Sein mit der Welt.

Zuhause, das wahre Paradies, muß daher nicht in der Vergangenheit liegen, sondern ist eher in Gegenwart oder Zukunft zu finden. Bei unserer Suche hiernach glauben wir oft, fündig zu werden in Gefühlen von Nostalgie, Alkohol oder Drogen, dem Rhythmus der Musik, weiten Reisen, Karriere oder in den Armen einer Geliebten, aber nach einiger Zeit begreifen wir, daß dies die Antwort nicht ist, und setzen unsere Suche fort.

In einem Märchen zieht ein junger Mann in die weite Welt hinaus, um etwas Wichtiges zu finden, vielleicht einen Schatz. Nach Jahrzehnten kommt er als alter Mann wieder nach Hause. Er hat keinen Schatz gefunden. Erst durch das Nachhausekommen entdeckt er den Schatz, den er gesucht hatte: Dieser lag die ganze Zeit über schlicht und einfach zu Hause.

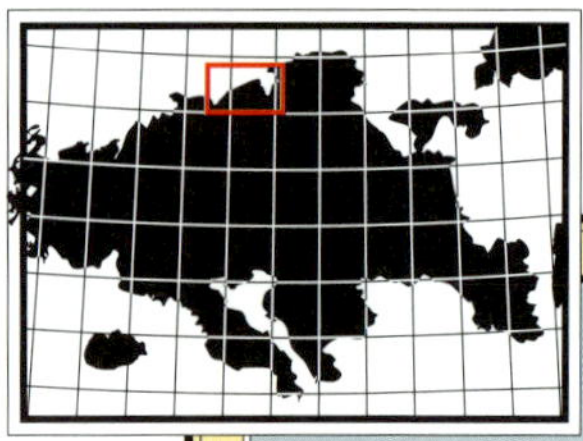

S 28

MASSSTAB 10 20 30 40 50

SICHERER HAFEN
ITEN
SICHERHEIT
Sitte & Anstand
ÖDWALD
Traditionsbewußt
Ausgetretener Pfad
Sonntagnachmittag
Verwandtenbesuch
Gewohnheiten
Übermaß
REGELMASS
Tageintagaus
Auf den Kopf
An der Seitenlinie
Komfort
Zeitvertreib
SUMPF DER LANGEWEILE
Ruhige See
nach Wiedersehen
nach Lange Zähne
5-Uhr-Zug
Umrühren
Linsengericht
Durch
Pellkartoffeln
Abschied
Warme Milch
Schlürfen
Zu Tisch
Schmatzen
Abwasch
Gleich
Besuch
Begrüßung
Post!!
HAUS
Vor die Tür setzen
erwünscht
st
SOFA
Beinehoch
Pantoffelkino
Satt & Zufrieden
Trost
Jauchzen
Stille Ecke
Ordnung
Erdrückend
Trautes Heim,
Glück allein
EINDRUCK
Picobello
Nachbarn
Sinnlos
Untergang
VERSACKEN
Wursteln
Bushaltestelle
Autopilot
Aussichtslosigkeit
Träge
Schlapp
GEBORGENHEIT
GEMÜTLICHKEIT
Vor-der-Tür
Eingebung

LANGEWEILE

KARTE 5

Märsche und Reiterkolonnen mögen sich also begatten.
Wer mich besiegen will, stolpert über mein Gähnen.

Noch immer
ein Schrecken der Kegler von gestern heute und morgen,
schieb ich die ruhigste Kugel.

Oblomow
hat meinen Pelz gestreichelt,
ich bete zu ihm.

In diesem Gedicht *Faultier im Zoo* von Günter Bruno Fuchs kokettiert das Faultier gleichmütig mit seiner Langeweile. Träge und stolz stellt es seine Faulheit zur Schau. Die Frage ist nur, ob das, was für dieses Faultier im Zoo so erstrebenswert scheint, sich auch für uns empfiehlt. Bei Menschen, die unfreiwillig über einen längeren Zeitraum dem Müßiggang unterworfen werden – sei es nun im Gefängnis, einer psychiatrischen Klinik oder dem Altersheim –, fordern Langeweile und Apathie ihren Tribut. Das Fehlen ausreichender Anregung tötet den Geist und facht Depressionen und Aggressionen an. Nicht umsonst werden die Bewohner der entsprechenden Institutionen zu interessanten und stimulierenden Aktivitäten angehalten, sei es nun dem Zusammensetzen von Wäscheklammern oder dem Tischtennisspielen. Ansonsten kann man immer noch auf Valium oder Zwangsjacke zurückgreifen.

S 30

Wer also glaubt, daß ausschließlich unsere moderne, gedrängte und gehetzte Lebensweise dem Wohlbefinden abträglich ist, der irrt. Sogar Urlaub kann an Verzweiflung grenzende Langeweile auslösen. Oft sind Eltern am Ende der Schulferien wegen ihres lustlos herumhängenden, sich langweilenden und Unfug treibenden Nachwuchses selbst reif für ein Erholungsheim oder zumindest einen ordentlichen Urlaub. Auch der brave Familienvater, der auf dem Campingplatz den Tag damit zubringt, Bier zu trinken und mit seinen Fingern auf dem Campingtisch herumzutrommeln, ist eine bekannte Figur. Ab und zu läßt er sich dazu hinreißen, mit seinen Kindern etwas Fußball zu spielen, die Spannleinen des Bungalowzeltes zu kontrollieren oder das Geschirr abzutrocknen, während er aber insgeheim die Tage zählt, bis er wieder zu seinen geliebten Brieftauben und seinem Fernsehsessel zurückkehren kann.

Im Mittelalter, als Burgherren bzw. -fräuleins sowie andere Notabeln durchgängig Freizeit hatten, versuchte man die Langeweile, außer durch Minnesänger und Kriegführung, auch durch das Anheuern eines Klausners zu bekämpfen. Man konnte sich dann die Zeit damit vertreiben, jemandem zuzusehen, der sich wirklich langweilte. Um diesen gutbezahlten Job bewarben sich Menschen, denen ein gefüllter Magen weitaus wichtiger war als geistige Aspekte. Die von ihnen erlangte Spiritualität erwies sich dann auch zumeist als nicht ausreichend, um die vollständige Abgeschiedenheit durchzuhalten. Das Verlangen nach Gesellschaft und anderen Reizen überwog die Furcht vor drohender Armut, so daß sie ihre Stellung rasch wieder aufgeben mußten.

Auch in der Ehe, die meist mit viel Verliebtheit und erwartungsvoller Spannung beginnt, kann eines schönen Tages der Alltagstrott zuschlagen. Unmerklich klingt nach der Romantik langsam aber sicher auch die Lust zum Streiten ab, das letzte Bollwerk gegen die Langeweile. Die Teller bleiben ganz und die Möbel auf ihrem angestammten Platz. Eifrig wird nach einer anderen 'Erfüllung' gesucht, will sagen: nach anderen Bettgenossen. Sicherlich: Ein netter Urlaub zu zweit oder der von guten Freunden empfohlene Eheberater können eine in Langeweile versinkende Beziehung genausogut wieder in Schwung bringen, aber die Wirkung ist doch nie von langer Dauer. Durchschlagende Wirkung – wie später das inzwischen eingeleitete Scheidungsverfahren beweist – haben allein die Seitensprünge. Man braucht nur in der Samstagszeitung die Seite mit den Kontaktanzeigen aufzuschlagen, um die Langeweile des durchschnittlichen Ehelebens vor Augen geführt zu bekommen. Während man früher still und heimlich einfach nur fremdging, wird die erregende Spannung nun in den Medien öffentlich und vor allem offen gesucht und angeboten.

Machen wir uns und anderen doch nichts vor. Schon Schopenhauer hat gesagt, die Menschheit sei dazu verurteilt, ewig zwischen Jammer und Langeweile hin und her zu schwanken. Aber gibt es vielleicht doch einen Ausweg aus dieser wenig optimistischen Vorhersage? Sind wir denn nicht schon längst auf der Suche nach den Heilmitteln gegen Langeweile und Wochenendneurosen? Zum Glück wird es uns sehr leicht gemacht. Das enorme Angebot an Fernsehsendungen, Reisezielen, Computerspielen und Internetadressen hält den Menschen auf Trab und die Langeweile in Schach. Ansonsten kaufen wir am Samstag stapelweise Möbel oder ergeben uns dem Katastrophentourismus.

Es gibt mehrere Arten von Langeweile. Zum Beispiel diejenige, deren Folgen dem Betroffenen selbst am meisten zusetzen und die ihn, wenn er nicht schleunigst Maßnahmen ergreift, in eine echte Depression stürzen lassen kann. Im Gegensatz dazu trifft die Langeweile mancher Menschen eher andere als sie selbst, wie z.B. die von feriengelangweilten Schülern, jugendlichen Vandalen und Gaffern. Und schließlich gibt es eine Langeweile, die gesucht und kultiviert wird.

Hierunter fallen neben dem bereits erwähnten Urlaub auch verschiedene Meditationsformen. Vor allem die japanische Zen-Tradition schafft klar und deutlich einen eigenen Stil von Langeweile. Sitzen, Kochen, Essen. Za-Zen ausführen, Laufmeditation erledigen. Sitzen, Kochen ... Amüsant hieran ist, daß der (aus Langeweile nach Japan gereiste?) westliche Besucher eines Zen-Klosters die dortige strukturierte Langeweile nicht als solche erkennt, sondern sie als erhabene Kunstform betrachtet. Das wiederholte Spülen des Eßnapfes und das Falten der weißen Serviette hat für ihn den Wert einer Theaterperformance. Zu Hause berichtet er mit Begeisterung Angehörigen und Freunden – er habe sich keinen Moment lang gelangweilt, und da müßten sie unbedingt auch einmal hinfahren!

In einem *Atlas der Erlebniswelten* müßte die Karte LANGEWEILE eigentlich aus lauter Wiederholungen bestehen, aus einer Aufzählung identischer Punkte. Denn was ist Langeweile anderes, als daß es nichts, aber auch wirklich überhaupt nichts Neues zu erleben gibt? Ist sie nicht ein Gefühl von Leere in unserer täglichen Existenz? Aber auch mit Leere können wir, wie Sie sehen werden, durchaus etwas anfangen.

S U M P F D E R

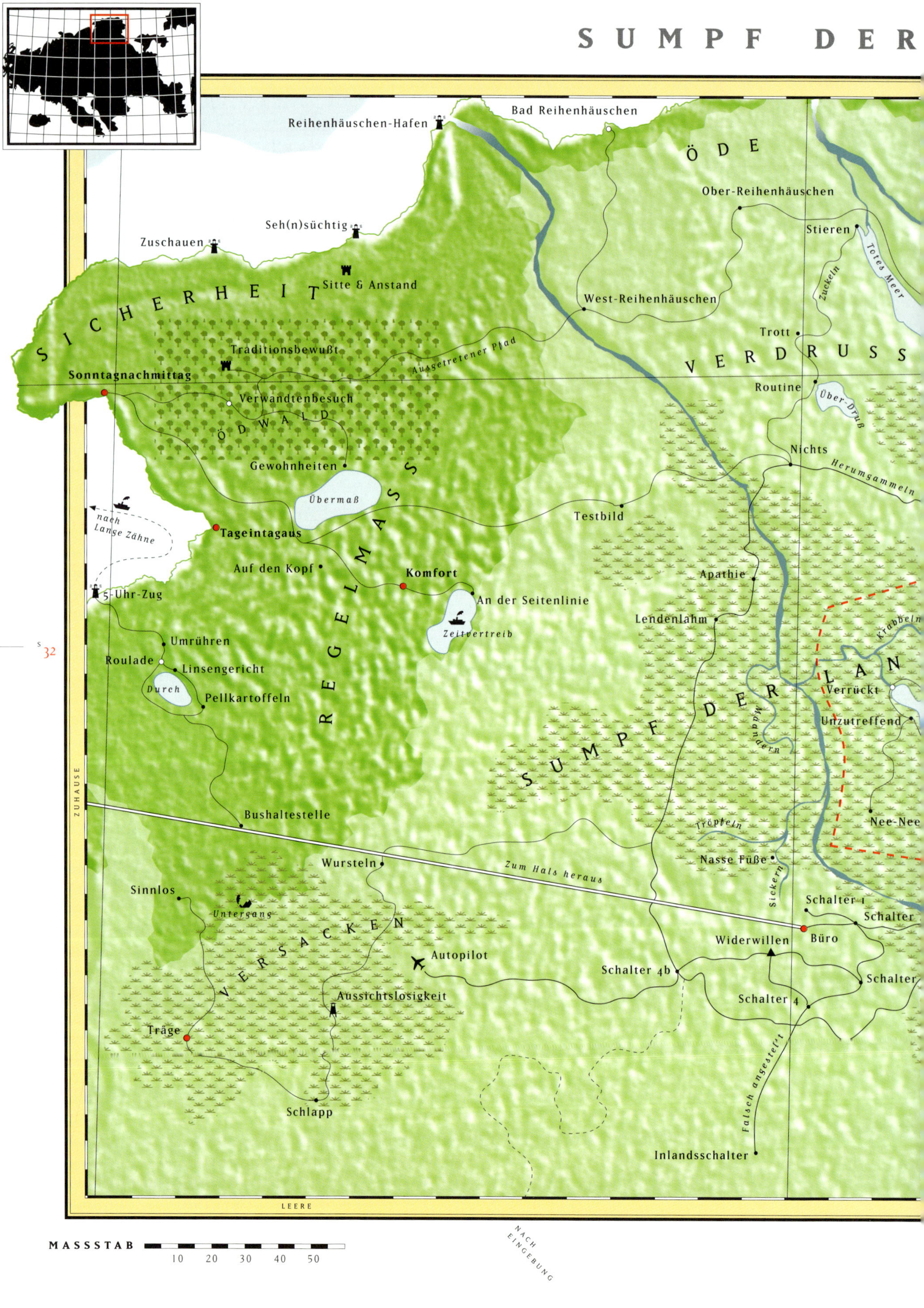

Reihenhäuschen-Hafen
Bad Reihenhäuschen
Ö D E
Ober-Reihenhäuschen
Stieren
Totes Meer
Zuckeln
West-Reihenhäuschen
Trott
V E R D R U S S
Routine
Über-Druß
Nichts
Herumgammeln
Zuschauen
Seh(n)süchtig
S I C H E R H E I T
Sitte & Anstand
Traditionsbewußt
Ausgetretener Pfad
Sonntagnachmittag
Verwandtenbesuch
Ö D W A L D
Gewohnheiten
Übermaß
nach Lange Zähne
Tageintagaus
Testbild
Auf den Kopf
Komfort
Apathie
An der Seitenlinie
Zeitvertreib
Lendenlahm
5-Uhr-Zug
Umrühren
Roulade
Linsengericht
Durch
Pellkartoffeln
R E G E L M A S S
Krabbeln
L A N
Verrückt
Unzutreffend
Mäandern
S U M P F D E R
ZUHAUSE
Bushaltestelle
Tröpfeln
Nee-Nee
Nasse Füße
Wursteln
Zum Hals heraus
Sickern
Sinnlos
Untergang
Schalter 1
Schalter
Büro
V E R S A C K E N
Widerwillen
Autopilot
Schalter 4b
Schalter
Aussichtslosigkeit
Schalter 4
Träge
Falsch angestellt
Schlapp
Inlandsschalter
LEERE
NACH EINGEBUNG
MASSSTAB
10 20 30 40 50

32

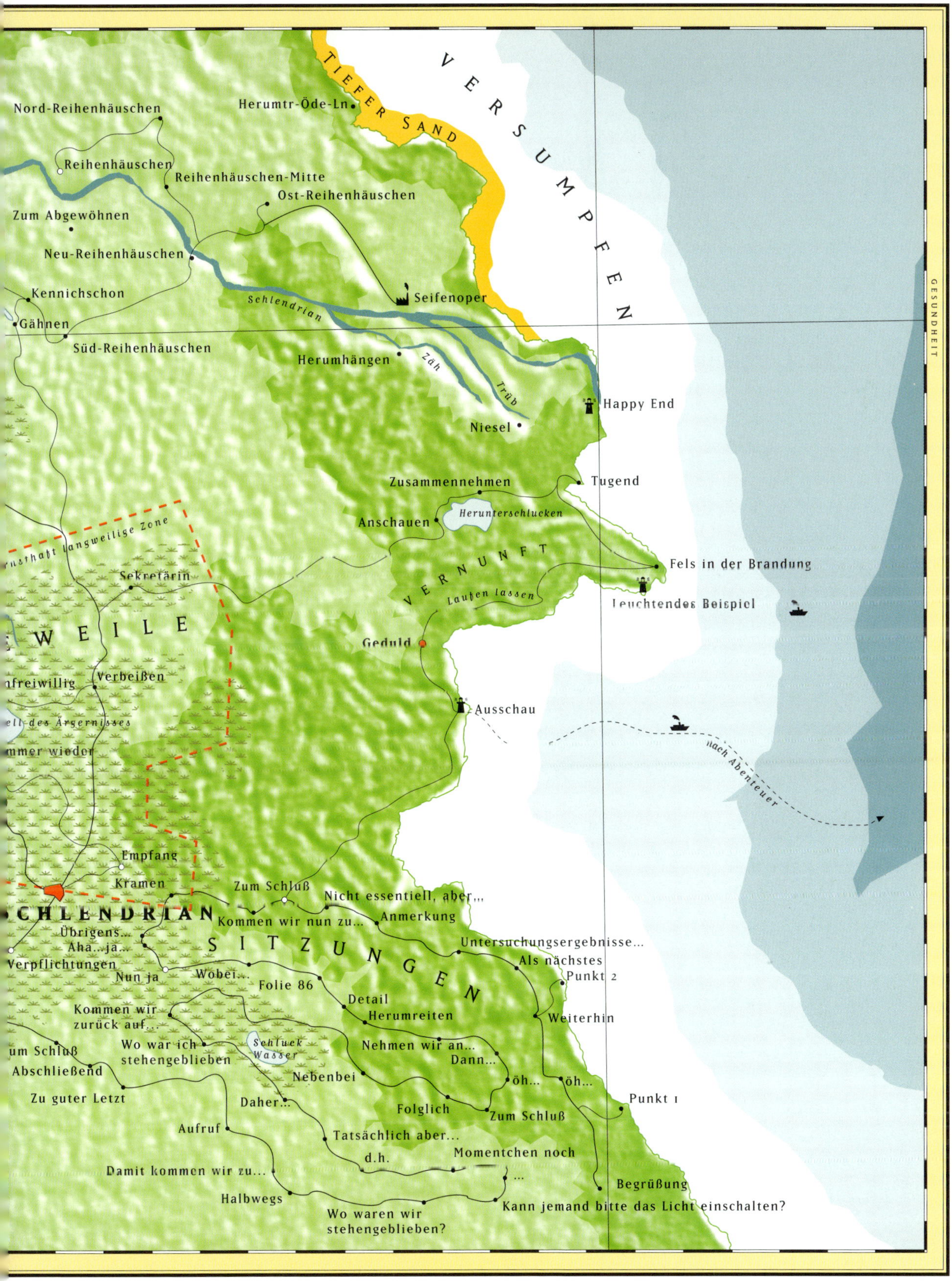
TIEFER SAND
VERSUMPFEN
Nord-Reihenhäuschen
Herumtr-Öde-Ln
Reihenhäuschen
Reihenhäuschen-Mitte
Ost-Reihenhäuschen
Zum Abgewöhnen
Neu-Reihenhäuschen
Kennichschon
Gähnen
Süd-Reihenhäuschen
Schlendrian
Seifenoper
Herumhängen
Zäh
Trüb
Happy End
Niesel
GESUNDHEIT
Zusammennehmen
Tugend
Herunterschlucken
Anschauen
Fels in der Brandung
VERNUNFT
Laufen lassen
Leuchtendes Beispiel
Sekretärin
WEILE
Geduld
nfreiwillig
Verbeißen
ell des Ärgernisses
mmer wieder
Ausschau
nach Abenteuer
Empfang
Kramen
Zum Schluß
Nicht essentiell, aber...
CHLENDRIAN
Kommen wir nun zu...
Anmerkung
Übrigens...
Aha...ja...
SITZUNGEN
Untersuchungsergebnisse...
Verpflichtungen
Nun ja
Wobei...
Folie 86
Als nächstes
Punkt 2
Detail
Herumreiten
Weiterhin
Kommen wir
zurück auf...
Wo war ich
stehengeblieben
Schluck Wasser
Nehmen wir an...
Dann...
um Schluß
Abschließend
Nebenbei
öh...
öh...
Zu guter Letzt
Daher...
Folglich
Zum Schluß
Punkt 1
Aufruf
Tatsächlich aber...
Momentchen noch
d.h.
Damit kommen wir zu...
...
Begrüßung
Halbwegs
Kann jemand bitte das Licht einschalten?
Wo waren wir
stehengeblieben?

33

GESUNDHEIT

KARTE 6

Der Sekt wird eingeschenkt, die Gläser gehoben und jeder blickt jedem kurz tief in die Augen. Zum Wohlsein! Your health! Gezondheid! Salute! Santé!

Die Wünsche für gute Gesundheit werden ausgebracht, wann immer es etwas zu feiern gibt: Geburtstag, Beförderung, Examen, Silvester – Meilensteine in unserem Leben. Wir haben es wieder einmal geschafft. Die Freude ist groß, daß nicht allein der Jubilar, sondern wir alle in so guter Gesundheit verkehren, daß wir mitfeiern können, und zwar mit einem Glas in der Hand. Die Freude wird dadurch noch gesteigert, daß wir uns bei einer solchen Gelegenheit kollektiv und legitim betrinken dürfen, ohne uns über die negativen Aspekte des Alkohols Gedanken machen zu müssen.

Gibt es dagegen nichts zu feiern, betrachtet der Durchschnittsmensch sein Glas doch mit gewissen Schuldgefühlen. Und nicht nur Alkohol, sondern auch ein Zigarettchen und sogar unsere Pommes Rot-Weiß werden uns reichlich mies gemacht. Unser Essen ist nicht abwechslungsreich genug, aber bestimmte Kombinationen von Lebensmitteln sind dann auch wieder verboten. Wir sollten mehr Sport treiben, dabei aber an unser Herz denken. Wir müßten abnehmen, nur nicht zu schnell und zu oft. Wir dürfen uns nicht zu lange der Sonne aussetzen, brauchen aber mehr Sonnenlicht als Mittel gegen Depression. Wir sollten weniger Kaffee trinken, aber mehr im Beruf leisten; länger schlafen, aber unsere sozialen Kontakte gut pflegen. Wir sind zu einem Eiertanz zwischen größeren und kleineren Übeln gezwungen. Leber, Cholesterinspiegel, Blutgefäße, Lunge, Herz, Haut, Figur und/oder Umwelt leiden jeweils, sobald wir uns auch nur ein klein wenig Genuß gönnen.

Durch jede Gesundheitsaufklärung – ob gutgemeint oder profitmotiviert – wird unsere Angst groß und größer, unser Leben lang und länger und unsere Gesundheit schlecht und schlechter. Einige von uns lassen keinen Gesundheitsratgeber in der Zeitung aus, verpassen keine Fernsehsendung über scheußliche Krankheiten und kontrollieren regelmäßig ihren Blutdruck, um nur ja keine Chance zu versäumen, etwas für ihre Gesundheit zu tun. Das Wissen, daß man oft genau unter dem Leiden leidet, vor dem man sich am meisten fürchtet, konnte uns nicht davon abhalten, allesamt kleine Hypochonder zu werden.

In Molières Lustspiel *Der eingebildete Kranke* treibt der große Hypochonder, der bettlägerige Argan, es soweit, daß er seine Tochter mit einem jungen Arzt verheiraten will.

> Der Grund ist, daß ich, schwach und krank, wie ich nun einmal bin, einen Arzt zum Schwiegersohn und Ärzte als Verwandte gewinnen möchte, um mir für meine Krankheit jegliche Hilfe zu sichern, in meiner Familie selbst eine Quelle für die nötigen Arzneien zu wissen und stets ärztliche Beratung. [1]

Hypochondrie bedeutet im allgemeinen harte Arbeit: Man muß sich, wie Argan, um permanente und kompetente medizinische Hilfe kümmern, viele medizinische Fachbücher lesen, passende Symptome zu den unterschiedlichsten Krankheiten vorweisen können und vor allem immer bezüglich der neuesten Krankheiten auf dem Laufenden sein, so daß man mit dem behandelnden Arzt qualifiziert diskutieren kann. Aber mit gutem Willen ist dies machbar.

Schwieriger wird es, wenn du dich dazu entschließt, depressiv zu werden und vor allem auch zu bleiben. Um dies zu bewerkstelligen, mußt du dir als erstes die exakt passende Sprechweise zulegen. Du willst deine Mitmenschen zwar wissen lassen, daß du leidest – nicht aber, daß du vorhast, nie wieder damit aufzuhören. Deine Stimme muß leise und tonlos sein, aber nicht zu leise und zu tonlos, sonst wendet sich deine Umwelt sofort ab. Wenn du den richtigen Ton gefunden hast, irgendwo zwischen etwas schwermütig und tief verzweifelt, werden deine Freunde sich auch nach zwanzig Jahren Verzweiflung noch mit dir unterhalten, da sie die Hoffnung nicht aufgeben, daß es dir vielleicht gerade heute etwas besser gehen könnte. Zweitens mußt du besonderes Geschick entwickeln im Ignorieren der Tatsache, daß auch andere Menschen Probleme haben, und ebenso im Abwehren jeglicher Tröstungsversuche und Hoffnungszeichen. Dies erfordert eine Menge Hartnäckigkeit und Durchhaltevermögen, da der menschliche Geist nun einmal so ist, wie er ist, sprich: die Hoffnung nie aufgibt.

Sie können auch einen vollkommen anderen Weg einschlagen. Zunächst halten Sie sich Ihr Leben lang von Ärzten und Krankenhäusern fern. Das ist offenbar der Gesundheit sehr zuträglich. Wann immer beispielsweise in Italien die Ärzte streiken (was regelmäßig passiert), stellt sich heraus, daß die Sterbeziffer signifikant abnimmt und die Menschen allgemein weniger leicht krank werden.

Sollten Sie sich doch einmal krank fühlen, warten Sie mit Medikation oder Chemotherapie am besten bis zur vollständigen Genesung. Ihr durch die Krankheit ohnehin geschwächter Körper würde Medikamente nämlich nicht so gut vertragen. Sehen Sie lieber zu, daß Sie während Ihres Krankseins möglichst aufmerksam und liebevoll gepflegt werden, denn davon scheint man sehr wohl zu genesen.

Schließlich zeigen die Ergebnisse einer großen Zahl von Forschungsprojekten, daß Alkohol durchaus förderlich für die Gesundheit ist, vor allem Wein. Von ein bis zwei Gläsern Wein (oder Bier) pro Tag profitieren Kurzzeitgedächtnis und Knochenwachstum, drei bis vier Glas Wein erhöhen die Lebensdauer deutlich, und je höher der Weinkonsum (oder der anderer Alkoholika), desto geringer die Chance von Koronarerkrankungen. [2]

Ein hoher Cholesterinspiegel führt zu einem langen und vitalen Leben, vom Rauchen gedeiht man gut, und Streß sorgt für Adrenalinausstoß – wodurch der Körper widerstandsfähiger gegen Krankheitserreger wird. Lesen Sie sorgfältig sämtliche Veröffentlichungen, laut derer all das, was Sie schon immer getan haben oder zumindest tun wollen, gut ist, denn dies stimmt Sie zufrieden. Mit heiterem Gemüt all das Herrliche, was das Leben Ihnen bietet, in vollen Zügen genießen, ist die weitaus beste Medizin. Zum Wohle!

1 Molière, Der eingebildete Kranke (1673). Stuttgart 1994, S.14
2 Walter Krämer/Götz Trenkler. Lexikon der populären Irrtümer. Frankfurt/Main (Eichborn) 1996, S.15ff.

Fels in der Brandung
Leuchtendes Beispiel
Anfall
Beunruhigung
Aufregen
Alarmzeichen
Fall
HYPOCHONDRIE
Wirbel
Gerädert
Phobie
Über-Hitzt
Nachweis
Wehwehchen
Ausbrüten
Was
Zuflucht
Neigung
Pickel
Schwelgen
Fakten
Besuch
Qual
Zahlen
Wehklagen
Entsetzen
Kummer
Kränkeln
Ansehen
Durst-löscher
IN WATTE
Gegenwind
Ausbruch
Nölen
Oben-Auf
Pflaster
Duseln
Trost
Lebertran
Zufuhr
KUR-ISCHES HAFF
Nierenschalen
Jammern
PFLEGE
Betütteln
Bleich
Beachtung
ZUM BESTEN
Nebenwirkung
Windpocken
Elixier
Medizin
Waschzettel
Vitamine
2 x täglich
Über-Stehen
Lichtpunkt
Wehrlos
Symptom
Eingriff
Piekser
Gerücht
Sorgen
QUARANTÄNE
Panik
Blaulicht
Caritas
Ansteckung
Not-Operation
CHAOS
ABENTEUER

MASSSTAB

KÄLTE
KÄLTE
KÜSTE DER STÜRME
Toben
Mit ohne Jacke
Windhose
SCHAU(D)ER
Schüttelfrost
Fieber
Schniefen
Zähneklappern
Strömen
Heimsuchung
Trotzen
Widerstandskraft
Delirium
Anzeichen
In Zwischen
Feuchte Umschläge
Durchhalten
WEG-GETRETEN
Vor-Pampa
Pampa
Zähneknirschen
Gute Besserung!
Verbeißen
Abwesend
Geduld
Fertig mit der Welt
Gelber Schein
inlauf
Riechsalz
Aufwachen
Strotzen
FLAUTE
Apfelbäckchen
Fit
Blühen
Immun
Volle Kraft voraus

> Die Wände des Schlosses waren aus treibendem Schnee gebildet und die Fenster und Türen aus den schneidenden Winden. Es waren über hundert Säle, alle gestaltet, wie der Schnee sie zusammengeweht hatte; der größte erstreckte sich mehrere Meilen lang. Das starke Nordlicht beleuchtete alle. Wie groß und leer, wie eisig kalt und glänzend waren sie! [...]
> In einem dieser unendlich leeren Schneesäle lag ein zugefrorener See, der in tausend Stücke zersprungen war; aber ein Stück fügte sich an das andere, so daß ein vollkommenes Kunstwerk entstand. Mitten auf dem See saß die Schneekönigin, wenn sie zu Hause war. Dann sagte sie, daß sie im Spiegel des Verstandes sitze und daß er der einzige und der beste in der Welt sei. [1]

Am Anfang von Andersens Märchen von der Schneekönigin bekommt der kleine Kay je einen der unzähligen Splitter, in die der Zauberspiegel zersprungen war, in sein Auge und sein Herz. Seit da an stößt ihn alles und jeder ab, werden seine Spiele von Vernunft geprägt, und er kann sich, will er das Vaterunser beten, statt dessen nur noch an das Einmaleins erinnern. Im Palast spielt er das Eisspiel des Verstandes. Aus etlichen scharfkantigen, flachen Eisblöcken versucht er, die komplexesten Figuren zusammenzufügen, um das Wort 'Ewigkeit' zu bilden. Sobald er dies schafft, so hat ihm die Schneekönigin versprochen, würde er frei sein und von ihr die ganze Welt geschenkt bekommen. Und ein neues Paar Schlittschuhe.

Die Schneekönigin symbolisiert in dieser Geschichte die eisige Kälte des Verstandes. Von ihr lernt Kay schon in jungen Jahren, daß der Verstand, richtig entwickelt und eingesetzt, dem Menschen die Herrschaft über sich selbst und die Welt verschaffen kann. Kay weiß noch nicht, daß der Verstand sein frostiges Regime nur in dem leeren Raum zwischen Liebe und Haß etablieren kann. Wenn die Schneekönigin ihn küßt, hält er dies für Liebe. Durch die Kälte der Königin spürt er die seines eigenen Körpers und Herzens nicht mehr. Wenn er die Königin anblickt, sieht er, wie schön und klug sie ist. Einen attraktiveren Anblick kann er sich nicht vorstellen.

Wir alle tragen Splitter des Übels in unserer Seele. Manchmal betrachten wir die Welt durch eine eisblau gefärbte Brille und können nicht mehr sehen und fühlen, was wir sehen und fühlen sollten. Auch der arme Kay kann durch die Splitter in seinem Auge und seinem Herzen und durch seinen eisigen Verstand echte Schönheit, Gefühle, Wärme und Liebe nicht mehr wahrnehmen. Kays Wahrnehmung in seiner frostig-deformierten Welt ist kalt und analytisch. Er hat das, was Sartre 'den Blick' nennt: Jeder, den er ansieht, fühlt sich beobachtet, zum Objekt degradiert und dadurch unfrei.

Jeder Physiker kann uns bestätigen, daß Kälte sich nicht durch Kälte in Wärme verwandeln läßt. Auf psychologischem Gebiet können Sie dies selbst ausprobieren. Wenn Sie einem unterkühlten Charakter begegnen oder Ihre Partnerin oder Partner mal etwas frostig herüberkommt, reagieren Sie möglichst noch kälter und distanzierter: Reden Sie in kurzen, knappen Sätzen, und antworten Sie auf Fragen höflich und korrekt, aber ohne ein Wort zu verschwenden. Stimme, Mimik und Haltung bleiben neutral und ausdruckslos. Ein Anflug von Spott oder Sarkasmus in Ihrem Tonfall kann sehr hilfreich sein. Garantiert können Sie nach kürzester Zeit Eiszapfen an der Decke bewundern.

Eine andere, aber riskantere Vorgehensweise besteht darin, dem anderen ziemlich heftig und erregt Ihre Mißbilligung kundzutun. Die Chance ist groß, daß der Eispanzer Ihres Gegenübers daraufhin in der Tat abschmilzt, aber die plötzliche Menge des Schmelzwassers Sie beide wie eine Flutwelle überspült und mitreißt und in höchst unproduktive Gegenden verschlägt.

So wie Liebe die beste Waffe des Mystikers ist, rückt man der Kälte noch immer am einfachsten und effektivsten mit Wärme zu Leibe.

Das warme Fell, über das wir prinzipiell alle verfügen, dient nicht nur unserer Ausstrahlung, mit der wir Kälte, Gleichgültigkeit und Reserviertheit anderer durchbrechen. Es hält auch uns und unsere Gefühle warm und schützt uns vor Einsamkeit. Erasmus von Rotterdam wußte in seinem Lob auf die Torheit, daß nicht der gefühlskalte Hochmut des Verstandes dem Menschen zur Vollendung verhilft.

> Wer würde nicht erschaudernd flüchten, als hätte er ein Gespenst oder Monster gesehen, vor so einem 'Weisen', der sich allen menschlichen Gefühlen verschlossen hat und sich durch Empfindungen, Liebe oder Mitleid so wenig beeinflussen läßt, als sei er, wie Virgil das ausdrückt, ein harter Stein oder der Marpesische Fels. Ein Wesen, dem nichts entgeht, das sich nie irrt, das wie ein zweiter Lynkeus alles sieht, alles genau untersucht, nichts durchgehen läßt, allein unabhängig, allein reich, allein klug, allein König, allein frei, kurz alles allein ist, zumindest nach seinem alleinigen Urteil. Ein Wesen, das niemals einen Freund von der Arbeit abhält und überhaupt gar keinen Freund hat, das nicht zögert, die Götter zum Teufel zu wünschen, und das alles, was im Leben passiert, als sinnlos verurteilt und mit Spott bedenkt. Ein solches Wesen wäre der perfekte Weise!
>
> Ich frage Euch: Käme es zur Abstimmung, würden sich die Wähler jemals solch einen Magistrat, die Soldaten solch einen Feldherrn aussuchen? Welche Frau würde so einen Mann, welcher Gastgeber so einen Gast, welcher Knecht so einen Herrn nehmen oder vertragen? Wer würde nicht dem erstbesten Narren den Vorzug geben, der die Kunst beherrscht, über Narren zu herrschen und Narren zu gehorchen, gerade weil er ein Narr ist; der bei seinesgleichen (von denen es nicht wenige gibt) beliebt ist, der seine Frau liebt, freundlich zu seinen Freunden ist, ein angenehmer Gast, ein treuer Kamerad, kurz, der alle guten und schlechten menschlichen Eigenschaften in sich vereinigt. [2]

Es geht nicht ohne Verstand, aber es ist klug, nicht klüger zu sein als nötig, damit wir nicht langsam aber sicher vor Kälte erstarren, bis wir uns plötzlich im Palast der Schneekönigin wiederfinden.

1 Hans-Christian Andersen, Die Schneekönigin (1844), in: Die schönsten Haus- und Weihnachtsmärchen. Rastatt 1994, S. 192f.
2 Erasmus von Rotterdam, Moriae encomium. Das Lob der Torheit (1511)

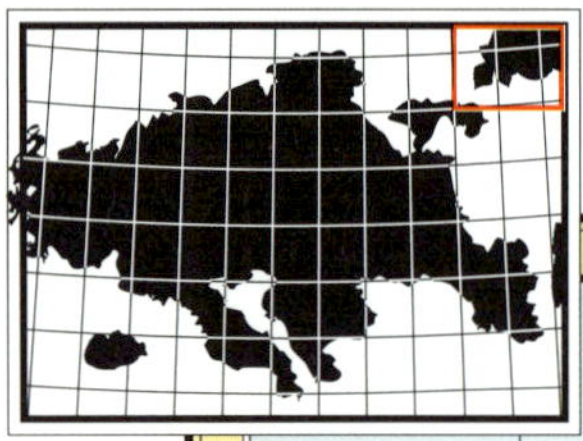

s 40

MASSSTAB 6 12 18 24 30 36

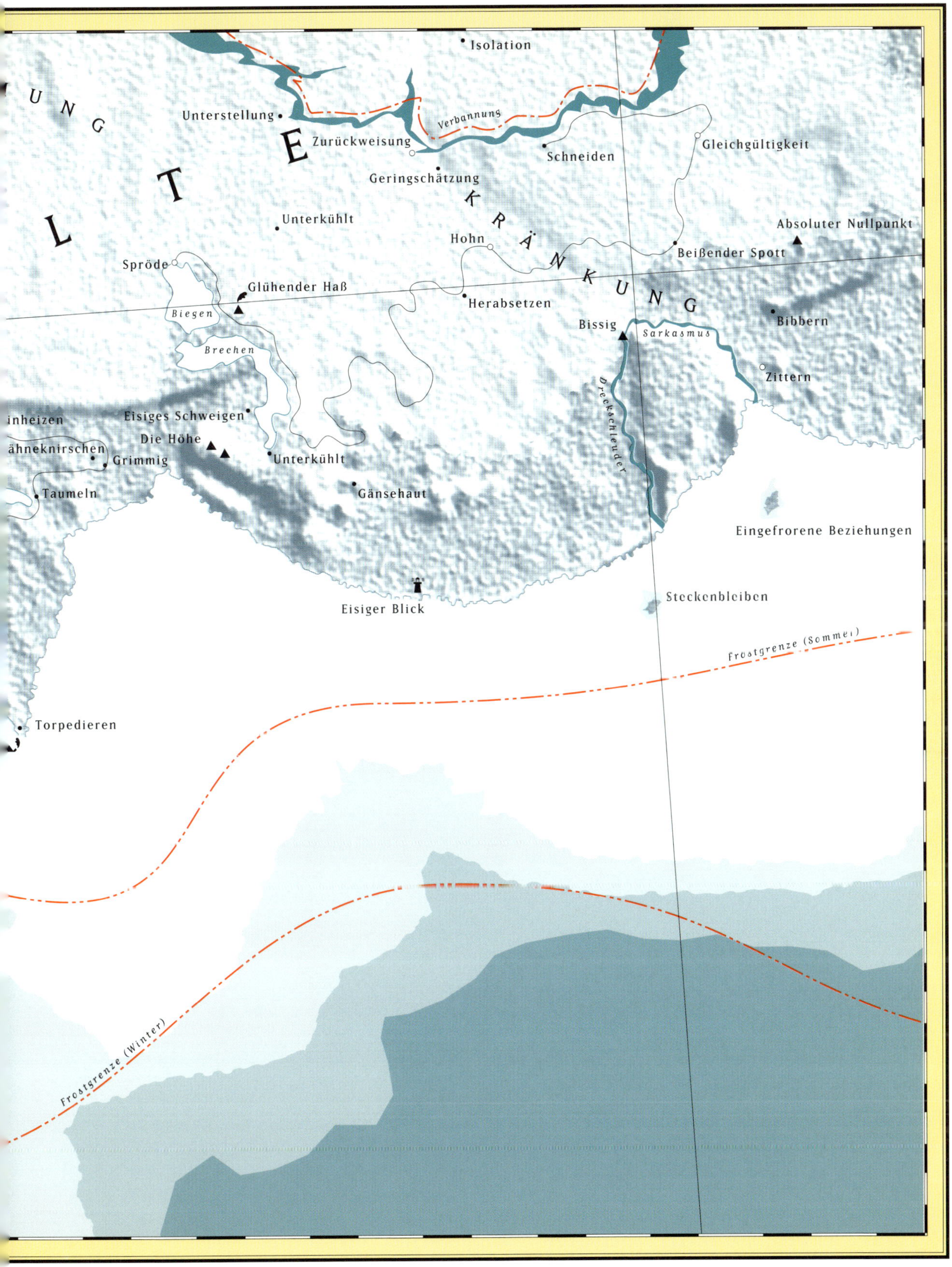
Isolation
U N G
Unterstellung
Zurückweisung
Verbannung
Schneiden
Gleichgültigkeit
E
T
L
Geringschätzung
Unterkühlt
K R Ä N K U N G
Hohn
Absoluter Nullpunkt
Beißender Spott
Spröde
Glühender Haß
Biegen
Herabsetzen
Bissig
Sarkasmus
Bibbern
Brechen
Dreckschleuder
Zittern
inheizen
Eisiges Schweigen
Die Höhe
ähneknirschen
Grimmig
Unterkühlt
Taumeln
Gänsehaut
Eingefrorene Beziehungen
Eisiger Blick
Steckenbleiben
Frostgrenze (Sommer)
Torpedieren
Frostgrenze (Winter)

S 41

Im Alter von vierzig Jahren schrieb der französische Politiker und Schriftsteller Michel de Montaigne (1533–1592):

> Als ich mich kürzlich nach Hause zurückzog, entschlossen, mich künftig soweit wie möglich mit nichts anderem abzugeben, als das Wenige, was mir noch an Leben bleibt, in Ruhe und für mich zu verbringen, schien mir, ich könnte meinem Geist keinen größeren Gefallen tun, als ihn in voller Muße bei sich Einkehr halten und gleichmütig mit sich selbst beschäftigen zu lassen – hoffte ich doch, daß ihm das nunmehr, da er mit der Zeit gesetzter und reifer geworden ist. Nun aber sehe ich, daß umgekehrt der Geist [...] wie ein durchgegangenes Pferd macht er sich selber heute hundertmal mehr zu schaffen als zuvor, da er für andere tätig war; und er gebiert mir soviel Schimären und phantastische Ungeheuer, immer neue, ohne Sinn und Verstand, daß ich, um ihre Abwegigkeit und Rätselhaftigkeit mir mit Gelassenheit betrachten zu können, über sie Buch zu führen begonnen habe. So hoffe ich, ihn mit der Zeit dahin zu bringen, daß er selbst sich ihrer schämt. [1]

Dem Zähmen seines durchgegangenen Pferdes in den zwanzig Lebensjahren, die Montaigne noch verblieben, entsprangen mehr als einhundert *Essais* – eine literarische Form, die man bis dahin nicht gekannt hatte. Seine eigentliche Entdeckung bestand somit darin, daß wir 'das unbestimmte Reich der Phantasie' betreten, sobald wir uns nicht auf ein bestimmtes Thema konzentrieren, sondern auf das, was sich in unserem Geist abspielt, wo mehr verborgene Schätze schlummern, als wir je vermutet hätten.

S 42

Heutzutage beschäftigen wir uns gern und oft mit unserem Bewußtsein. Wobei wir die Perlen, die wir dort finden, nicht etwa einsammeln und in Form eines gediegenen Werkes an die Menschheit weiterreichen, sondern so schnell wie möglich in Nichts auflösen. Meditation nennt sich das dann. Zum Glück gibt es auch noch Menschen, die ihren Geist sorgfältig durchforsten und uns mit ihren Gedanken und Geschichten erfreuen. (Daß manche hierbei Glasmurmeln für Perlen ausgeben, müssen wir als unabänderlich akzeptieren.)

Ein Tagedieb ist also nicht der Träumer, sondern derjenige, der nichts mit seinen Träumen anzufangen weiß – und zwar ohne Verzug, denn Träume verfliegen schneller, als man glaubt, wie Simon Carmiggelt erfahren mußte. In seinem Werk *Das Höhere* beschreibt er, wie er im Dunkeln im Bett lag und 'langsam in den luftleeren Raum der Genialitäten eintrat', woraufhin sein 'Geist, hell erleuchtet, reihenweise Perlen abwarf'. Der kalte Fußboden hielt ihn jedoch davon ab, aufzustehen und seine Einfälle aufzuschreiben. Erst einige Zeit später ging er dann doch mit geschlossenen Augen zu seinem Schreibtisch, ertastete Papier und Bleistift, kritzelte die Essenz seiner Gedanken nieder, huschte zurück ins Bett und schlief sofort ein. Zu spät! Am Morgen stellte sich heraus, daß er 'in enormen, gefühlsbetonten Buchstaben' auf das Papier geschrieben hatte: 'Eichhörnchen auf langer Straße'. Vielleicht war er zu Recht von seinen Einfällen begeistert gewesen, aber dann hatte er jedenfalls zu lange damit gewartet, sie niederzuschreiben.

Dem englischen Dichter Samuel Taylor Coleridge erging es besser, wenn auch nur knapp. Im Sommer 1797 war er damit beschäftigt, Purchas 'Pilgrimage' zu lesen. Das Opium, das er gegen seine Dysenterie genossen hatte, ließ ihn in Träume versinken. Die letzten beiden Sätze, die er gelesen hatte, lauteten: 'Kubla Khan befahl, hier einen Palast zu bauen und einen imposanten Garten anzulegen. Und so wurden zehn Meilen fruchtbaren Landes mit einer Mauer umschlossen.' In den drei Stunden, die er zwischen Wachen und Schlafen schwankte, stiegen ohne jedes Bemühen durch Bilder und die zugehörigen Wörter zwei- bis dreihundert Zeilen für ein neues Gedicht in ihm auf. Als er das volle Bewußtsein wieder erlangt hatte, meinte er sich noch an das gesamte Gedicht erinnern zu können. Er griff zu Feder, Tinte und Papier und schrieb die ersten sieben Zeilen nieder.

In diesem Moment störte ihn ein Besucher. Erst nach mehr als drei Stunden konnte sich Coleridge wieder seinem Gedicht widmen. Zu seinem großen Schrecken mußte er feststellen, daß dieses bis auf acht bis zehn zusammenhanglose Zeilen und Bilder aus seinem Gedächtnis entschwunden war 'wie Figuren an der Oberfläche eines Flusses, in den man einen Stein geworfen hatte'.

Diese Metapher löste plötzlich wieder eine neue Folge von Bildern aus, die Coleridge erkennen ließen, wie er die Traumversion von 'Kubla Khan' aus den verbliebenen Fragmenten rekonstruieren und das Gedicht doch noch zu Ende bringen konnte.

Nur wenige können sich ungestört durch die Muse inspirieren lassen. Nur wer sich einen Teufel um die Forderungen und Erwartungen anderer schert, kann einen kreativen Prozeß in Gang kommen und Form annehmen lassen. Der beflügelte, wirrköpfige, geniale Künstler, der mit ungepflegtem Äußeren monomanisch an seinem Werk schafft und sich sonst um nichts und niemanden kümmert, tut nichts weiter, als sich gegen all die irritierenden Störungen abzuschirmen, die wir schon als völlig normal ansehen.

Da diese Lösung etwas extrem ausfällt, regeln wir dies derzeit etwas anders. Anstatt uns wie Montaigne mit unseren Pferden und Perlen abzusondern, schließen wir uns in Gruppen ein, um Brainstorming zu betreiben. Kritiklos tolerieren wir jeden Auswurf unseres eigenen Geistes und dessen anderer in der Hoffnung, daß zumindest eine der zahllosen Plastikmurmeln zu einer echten Perle mutieren möge.

1 Michel de Montaigne, Essais. Frankfurt/Main (Eichborn) 1997, S. 20

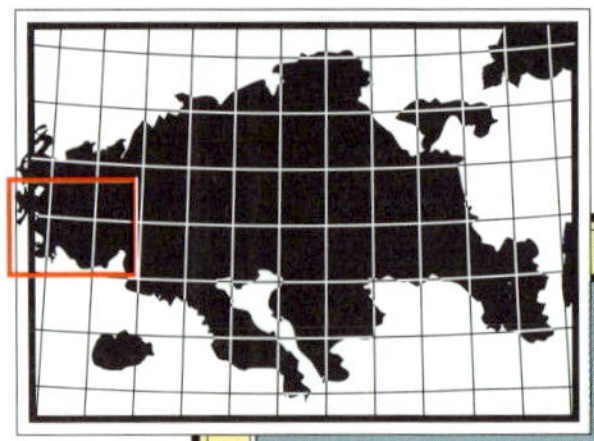

G E D A N K E N F L U S S

MASSSTAB 0,1 0,2 0,3

HAUPTSACHE
WISSEN
LEIDENSCHAFT
Ordnung
KOMPOSITION
Ersinnen
KREATIVITÄT
Vermurksen
Polieren
Schwadronieren
Ausgestalten
Unterbewußtsein
Wiederholung
Eingebung
Ausschweifung
Meinungen
Bemerken
TRIEBE
Beobachtung
Folge
LAUTE
Düfte
FETZEN
Melodien
Durchscheinen
Aufzeichnungen
Geliebte
Verändern
Bewegen
Wiedererkennen
Loslassen
Musik
Konzentration
SCHÖPFUNG
Transkontinentale Pipeline aus Entstehen
Erschrecken
Spiegeln
GESCHICHTE
QUELL DER EINGEBUNG
ASSOZIATION
Angst
Mischen
Hochkommen
Versprechen
Unwichtig
KÜNSTE
Kombination
Humor
Klären
Elemente
GEFÜHLE
Wichtig
Beredsamkeit
Entwicklung
Zorn
BLÜTE
Entfaltung
Redefluß
Treffen
FRUCHTBARER BODEN
Gute Idee
Strom der Eingebung
Häßlichkeit
Schönheit
Lachen
Lächeln
AUSFUHR
Ergriffenheit
Träne
Schweigen
Kuß
EINFUHR
WORTLOSIGKEIT
Sprachlosigkeit
Expedition
Licht

VERGESSEN

KARTE 9

Leben heißt vergessen.

Eine Legende aus dem Talmud lehrt uns, daß Kinder in der Gebärmutter die Thora vor- und rückwärts lernen und ihnen alle Geheimnisse des Universums enthüllt werden. Im Moment der Geburt schlägt ihnen dann aber ein Engel auf den Mund, damit sie alles wieder vergessen.

Ähnliches lesen wir im Zehnten Buch von Platons *Republik*. Er berichtet, daß die Seelen zu ihrer Reinkarnation wie Sternschnuppen vom Himmel fallen und sodann, um unsere Welt zu erreichen, eine Wüste durchqueren müssen. Im Laufe dieses Marsches stoßen sie auf Lethe, den Fluß des Vergessens. Nun sind Seelen ohnehin schon immer durstig, und die Trockenheit der Wüste hat den Durst noch so sehr gesteigert, daß die Seelen gierig aus dem Flusse trinken. Einige trinken so viel, daß sie ihr gesamtes früheres Dasein vergessen, während andere sich zumindest so weit mäßigen, daß sie noch Erinnerungen an ihre vorherige Existenz übrigbehalten.

Es sind diese Gemäßigten, die William Wordsworth, ein englischer Dichter des 19. Jahrhunderts, im Auge hatte, als er schrieb:

Geburt ist nichts als Schlafen und Vergessen,
s46
Die Seele, die mit uns sich hebt als Lebensstern,
Hat ihren Ursprung anderswo gehabt,
Und kommt von Ferne her,
Doch ohne alles zu vergessen.

Platon ist der Ansicht, daß vor allem Philosophen, Künstler und Liebende sich beim Trunk aus dem Fluß Lethe zurückgehalten haben und deswegen die ewigen Gedanken aus der vorherigen Welt halbwegs fixieren und weitertragen können.

Es ist eigentlich nur gut, daß wir nicht nur vor unserer Geburt aus dem Fluß des Vergessens trinken, sondern auch während unseres ganzen Lebens immer wieder einen kleinen Schluck zu uns nehmen, und um so öfter, je älter wir werden. Dies hat der Entwicklung der Welt und dem Glück der Menschen im übrigen äußerst gutgetan! Wie findig waren wir nicht schon in unserer Jugend, wenn es um den Kampf mit der Vergeßlichkeit ging. Um den Lehrstoff während der Klassenarbeit wiedergeben zu können, wurden in den Schulen dieser Welt der Mikrofilm und bestimmte Verschlüsselungstechniken wieder und wieder erfunden. Wo die Technik nicht hilft, wird so viel Wissen wie möglich tags zuvor eingepaukt, so daß es am Tag nach der Prüfung bereits wieder aus dem Gedächtnis entschwindet. Und wo doch noch etwas hängenzubleiben droht, wie das große Einmaleins aus der Grundschule, erlauben wir den Schülern die Benutzung von Taschenrechnern, damit auch dieser Ballast aus ihrem System gelöscht wird.

In früheren Zeiten wurde alles Wissen durch Erzählungen, mündlich, von Generation zu Generation weitergegeben. Zu unserem Glück waren es bald zu viele Geschichten, um sich alle merken zu können, und die Menschen hatten noch andere Dinge um die Ohren. Deshalb ging man dazu über, Überlieferungen schriftlich niederzulegen. Sonst wären all die schönen Bücher wie dieses niemals entstanden, und vielleicht wäre noch nicht einmal die Schrift erfunden worden.

Ohne das Vergessen würde es Berufe wie Sekretärin oder Organizerhersteller gar nicht geben. Von Bibliotheken, Archiven und Datenbanken hätte nie jemand etwas gehört. Psychiater könnten keinen roten Heller verdienen, wenn die Menschen ihre früheren Traumata haarfein deuten könnten, anstatt sie ihr Leben lang ordnungsgemäß zu verdrängen. Die Welt würde wahrhaftig noch in ihren Kinderschuhen stecken.

Ein Übermaß an Wissen, d.h. die Unfähigkeit, zu vergessen, macht keinesfalls glücklich, wie jedem besseren Mafia-Film zu entnehmen ist, wo regelmäßig Menschen im Hafenbecken landen, weil sie zuviel wußten.

Nietzsche vertritt in seiner *Genealogie der Moral* die Auffassung, daß es ohne das Vergessen kein Glücklichsein, keine Freude, keine Hoffnung, keinen Stolz und kein Hier und Jetzt geben könne. Jemanden, der nicht vergißt, vergleicht er mit einem Patienten mit Verstopfung: Wo nichts herauskommt, kann auf die Dauer nichts hinzukommen. Das Vergessen erst schafft Platz für immer wieder Neues.

Daß unsere Festplatte im Laufe eines Lebens langsam, aber sicher das Ende ihrer Aufnahmefähigkeit erreicht, merken wir im Alter. Aktuelles Wissen und neue Erfahrungen finden dort kaum noch Platz. Wir können problemlos Ereignisse en detail wiedergeben, die dreißig Jahre zurückliegen, aber nicht, was wir gestern getan haben. Laut dem amerikanischen Therapeuten Lawrence LeShan ist es wichtig, daß wir uns während der ersten vier bis fünf Lebensjahrzehnte an Einzelheiten erinnern, da unsere Aufgaben dies erfordern, die wir während dieses Zeitraumes zu bewältigen haben. Ab ungefähr Sechzig betrachten wir die Welt zumeist in einem anderen Licht. Wir konzentrieren uns mehr auf Allgemeines, auf Beziehungen und Bedeutungen und wählen selektiver aus, woran wir uns erinnern wollen. An den Namen desjenigen, mit dem wir gerade gesprochen haben, erinnern wir uns vielleicht nicht mehr, wohl aber an die Stimmung des Gespräches. Anstelle von Fakten behalten wir die Bedeutung der Geschehnisse im Gedächtnis. Anstatt auf eine breite Oberfläche konzentrieren wir uns auf die Tiefe. Die ehemals scharfen Kanten unseres Erinnerungsvermögens runden sich, wodurch wir besser zu relativieren lernen und dadurch weiser werden.

Leben heißt Vergessen, und Vergessen bedeutet Selektieren. Als beinahe unbeschriebenes Blatt kommen wir auf die Welt; vollgeschrieben verlassen wir sie. Das Alter bringt uns Zerstreutheit und Vergeßlichkeit. Doch werden uns diese vergeben, denn Einsicht, Geduld und Weisheit erwarten uns. Was kann uns besseres passieren, als daß unsere weisen Worte und damit wir selbst nicht in Vergessenheit geraten?

V E R G E S S E N E

S 48

MASSSTAB 0 1 2

INSELN
Hochzeitstag
Pincode
Examen
Geburtstag
MATIK
Nachname
Name
NAMEN
Vorname
er bitte?
SEE DER
rabredung

LEIDENSCHAFT KARTE 10

'Wer sagen kann, wie sehr er brennt, der brennt nicht sehr.'

Petrarca berührt mit dieser Aussage den Kern der Leidenschaft: unkontrollierbar, verschlingend, verzehrend sucht sie unser verzweifeltes Gemüt heim. Sie versklavt unsere Gedanken und reißt uns mit an Orte, wo unsere Vernunft nicht mehr vernünftig und unser Kopf nicht mehr kühl bleiben kann. Schon im griechischen Altertum wird dieser unlenkbaren Ekstase im Liebesschmachten der Dichterin Sappho Ausdruck verliehen:

Blick ich dich ganz flüchtig nur an, die Stimme
stirbt, eh sie laut ward,
ja, die Zunge liegt wie gelähmt, auf einmal
läuft mir Fieber unter der Haut entlang, und
meine Augen weigern die Sicht, es über-
rauscht meine Ohren, – mir bricht
Schweiß aus, rinnt mir herab, es beben
alle Glieder, fahler als trockene Gräser
bin ich, einer Toten beinahe gleicht mein Aussehn. [1]

Gerade weil Leidenschaft über den Verstand dominieren kann, erfreut sie sich nicht immer uneingeschränkter Beliebtheit. Der römische Philosoph Boethius (ca. 480–542 n. Chr.) beschreibt, wie seine dichterische Leidenschaft den Philosophen in ihm zu verdrängen drohte:

S 50

> Als sie [die Philosophie] die Musen der Poesie an meinem Bett sitzen sah, Wörter diktierend, die meine Tränen begleiteten, wurde sie ärgerlich.
> 'Wer', fragte sie, während ihre durchdringenden Augen Feuer sprühten, 'hat diesen hysterischen Huren erlaubt, sich dem Krankenbett dieses Mannes zu nähern? Sie haben keine Medizin, um seinen Schmerz zu lindern, sondern süßes Gift, um sie zu verschlimmern. Dies sind nun genau die Frauen, die die reiche und fruchtbare Ernte der Vernunft mit den dürren Dornen der Leidenschaft ermorden.' [2]

Philosophen und Psychologen raten uns oft, unseren Verstand zu gebrauchen, anstatt uns von Gefühlen überwältigen zu lassen. Aber wer möchte schon so sein? Zwar wäre es angenehm ruhig, würden wir uns sämtlichst vernünftig und gesetzt betragen, doch könnte niemand ein Leben ertragen, das nur von kalter Ratio beherrscht würde und in dem Begehren, Liebe, feurige Ideale und die Glut der Leidenschaft keinen Platz hätten.

Diese Gefahr erkannte man schon im alten Sparta und rückte ihr auf die bekannte spartanische Art zu Leibe. Um das Feuer am Lodern zu halten, wurde jede Äußerung der Leidenschaft verboten. Auch Eheleute mußten ihre Liebe verbergen. Es war gleich schändlich, ob sie zusammen oder mit jemand Fremdem im Bett erwischt wurden.

Montaigne schreibt: 'Die Probleme, die man hat, um eine Verabredung zu treffen, das Risiko der Entdeckung, die Scham am nächsten Tag – das ist es, was die Sauce würzt.'

Wir sollten aufhören, mit unserem halben Pfund Verstand über das Mühlsteingewicht unserer Gefühle herrschen zu wollen. Ohne Leidenschaft sähe es trübe aus auf dieser Welt. Wir würden sie sowieso nie ganz aus unserem Leben drängen können. Aber genau der Versuch andererseits hat der Welt viel Schönes beschert.

1 Sappho, in: Roland Barthes, Fragmente einer Sprache der Liebe. Frankfurt/Main 1984, S. 196
2 Anicius Manlius Severinus Boethius, De Consolatione Philosophiae (Trost der Philosophie)

LEIDENSCHAFT 10.

NACH GLAUBE

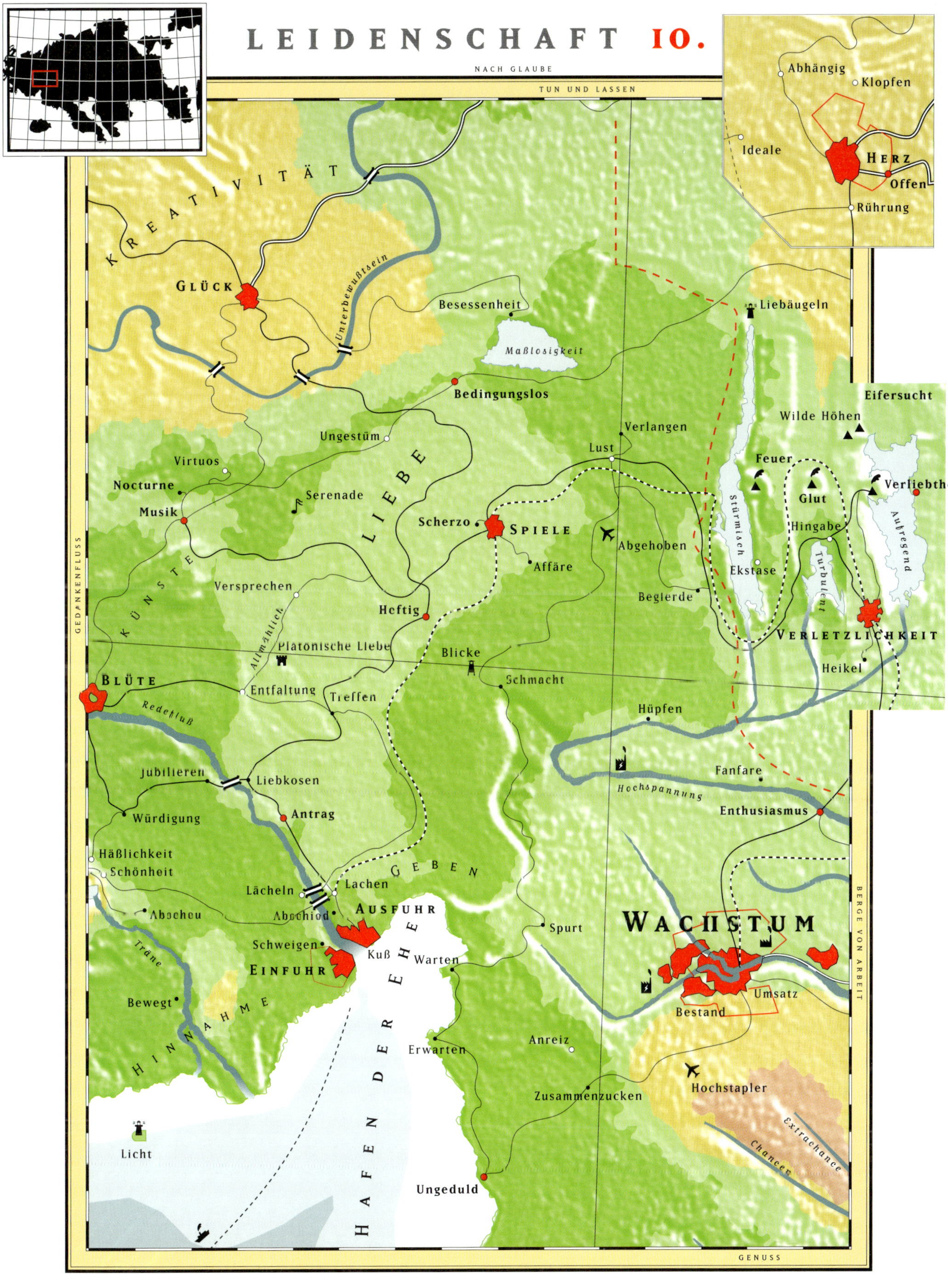

MASSSTAB

10 20 30 40 50

BERGE VON ARBEIT

KARTE 11

> Eine alte Dame ohne Beruf [verbringt] ihren ganzen Tag damit, eine einzige Postkarte an ihre Nichte in Oberammergau zu schreiben und abzuschicken. Eine Stunde vergeht mit der Suche nach der Postkarte, eine weitere mit der Suche nach der Brille, eine halbe, bis die Adresse gefunden ist; folgen fünfviertel Stunden, die der Komposition des Schriftstücks gewidmet werden, zwanzig Minuten für die wichtige Entscheidung, ob man für den Weg zum Briefkasten an der nächsten Ecke einen Schirm mitnehmen soll oder nicht. Kurz und gut, eine Arbeit, die einen vielbeschäftigten Mann nicht länger als insgesamt drei Minuten beansprucht, kann bei andersgearteten Personen das Gefühl völliger Erschöpfung nach einem Tagewerk voller Zweifel, Angst und Mühen hinterlassen. [1]

Dieses Beispiel gibt C. Northcote Parkinson für das, was er Parkinsons Gesetz nennt: Je mehr Zeit uns für eine bestimmte Aufgabe zur Verfügung steht, desto mehr Zeit benötigen wir auch. Diese Erfahrung ist den meisten von uns wohlbekannt. Wir sehnen uns nach dem Wochenende, Feiertagen, Urlaub, Ferien und dem Ruhestand, damit wir wirklich einmal Zeit haben für all die Dinge, denen wir uns sonst nur neben unserem Beruf widmen können. Wenn es dann soweit ist, merken wir zu unserem Schrecken und zu unserer Überraschung, daß es genauso bleibt wie vorher: Die Steuererklärung ist immer noch nicht erledigt, der Hund muß zum Tierarzt, die E-Mails warten weiterhin auf Antwort und der Keller harrt nach wie vor des Aufgeräumtwerdens. Was wir sonst in den kurzen Pausen unseres dichtbesetzten Terminkalenders erledigten, erscheint uns jetzt eine Vollzeittätigkeit, so daß wir noch stets nicht zu dem kommen, was uns eigentlich interessiert.

Berge von Arbeit bedeuten daher nicht, daß wir mehr unerledigt lassen als der Glückliche, der wenig zu tun hat. Im Gegenteil! Die Arbeitgeber scheinen Parkinsons Gesetz leider mit großem Enthusiasmus anzuwenden. Noch nie mußten diejenigen, die überhaupt noch einen Job haben, so produktiv arbeiten. Immer weniger Personal soll stets mehr Arbeit erledigen. Und so stecken wir bis über die Ohren in Arbeit, während der Hund noch stets zum Tierarzt gebracht werden will.

Allerdings sollten wir hierüber keinesfalls klagen. Immerhin zählen wir damit weiterhin zu den Privilegierten. Arbeit adelt nach wie vor. Dies ist für uns so selbstverständlich, daß uns die Ethymologie des lateinischen Worts für Arbeit – *negotium* = *neg-otium*, also Unterbrechung der dem Menschen eigentlich angemessenen Ruhe (= *otium*) – fremd ist und daß wir uns wundern über die Verachtung des Griechen Xenophon für die Arbeitenden:

> Das Handwerk [verdirbt] die Körper der Handwerker und Meister, indem es sie zwingt, still zu sitzen, im Hause zu leben und in manchen Fällen den Tag am Feuer durchzubringen. Solche Verweichlichung des Körpers führt auch zu einer ernsthaften Schwächung des Geistes. Obendrein lassen diese sogenannten Gewerbe keine Zeit, sich seinen Freunden oder der Gesellschaft zu widmen, so daß jene, die ein

Handwerk ausüben, in dem Ruf stehen, schlechte Freunde zu sein und bei der Verteidigung des Vaterlandes zu versagen.

Die moderne Version hiervon – 'Arbeit ist das Verderben der trinkenden Bevölkerung' – wird von wenigen wirklich ernst genommen, und Xenophons Auffassung mag überholt erscheinen, doch hochaktuell ist der Zusammenhang, den er zwischen Arbeit und Persönlichkeit aufzeigt. Erst mehr als zweitausendzweihundert Jahre später haben sich Hegel und Marx ausführlich damit beschäftigt. Hegel führte sinngemäß aus: 'Was jemand tut, hat Einfluß darauf, wer er ist, und umgekehrt.' Marx schuf hiervon 1844 eine Variante, die etwa so lautet: 'Wer dem entfremdet ist, was er tut, entfremdet sich von sich selbst.' Er fand, daß jeder, der für jemand anders arbeitet, entfremdet ist, was laut Marx bedeutet, daß der Arbeitnehmer dem Arbeitgeber gehört, seine Spontaneität verliert und seine Arbeit verobjektiviert.

Gegenwärtig sagt uns diese Botschaft wenig. Denn sobald wir uns von uns selbst oder unseren Kollegen zu sehr entfremdet fühlen, unternehmen wir weder den drastischen Schritt zum selbständigen Unternehmer, noch hetzen wir unsere Mit-Entfremdeten zu kommunistischer Revolution auf. Vielmehr belegen wir zusammen mit den Kollegen und unserem Boß einen Survivalkurs zur Förderung des Teamgeists. Das Überleben in den Felswänden des Harzes renkt uns wieder ein und erhöht damit auch die Wahrscheinlichkeit, im Betrieb zu überleben.

Also arbeiten wir ganz normal weiter. Abhängig von dem Arbeitsanfall, der Abwechslung bei der Arbeit, der Lage zu Hause, der Tageszeit oder des Wochentages sehen wir den Schwerpunkt unseres Tuns in der Mühe oder aber der Befriedigung. Fällt die Arbeit uns schwer, empfinden wir leicht Neid auf die Privilegierten, die mit weniger Arbeit mehr verdienen, die nicht arbeiten müssen oder die aus ihrem Hobby einen Beruf gemacht haben. Empfinden wir jedoch Freude bei der Arbeit, interessiert uns die Entlohnung nicht mehr so sehr, und wir bedenken alle mit Mitleid, die keine Arbeit haben. Dann hat sich die Arbeit plötzlich zu unserem Hobby gewandelt.

Wir arbeiten zu viel und die anderen zu wenig, die dafür aber zu viel verdienen und wir zu wenig. Der eine bekommt für sein Nichtstun den goldenen Händedruck, während der andere 'freigestellt' wird. Einer erhält im Jahrestakt neue, hochinteressante Aufgaben zugewiesen, während jemand anders im Archiv Wurzeln schlägt. Mancher bewirbt sich bis zum Schwarzwerden, und sein Kollege kann sich der Headhunter kaum erwehren. Und sind wir so stark, daß wir dies alles überleben und die fünfundsechzig erreichen – dann tauchen Parkinsons Berge von Arbeit wieder vor uns auf.

1 C. Northcote Parkinson, Parkinsons Gesetz. Hamburg 1966, S. 12

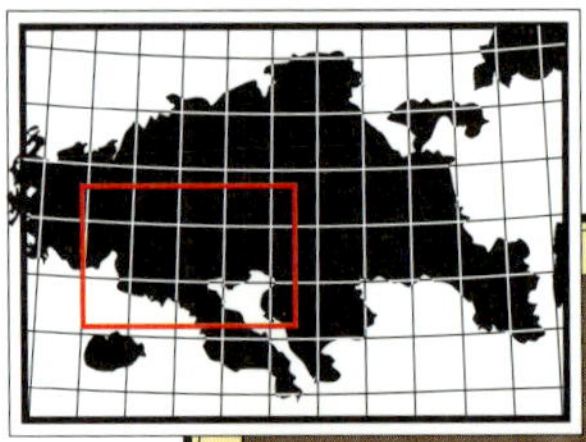

s 54

MASSSTAB 10 20 30

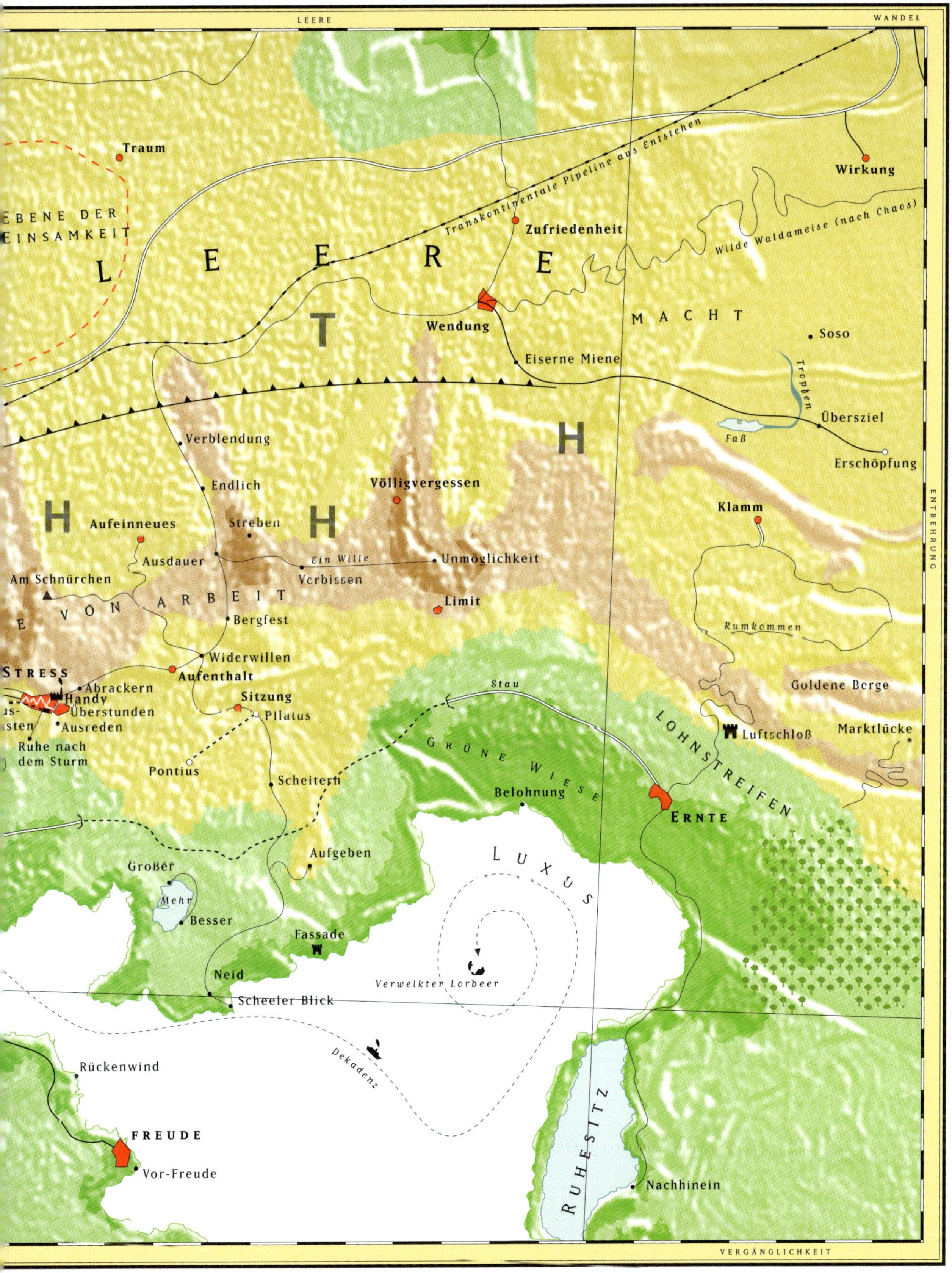
LEERE
WANDEL
ENTBEHRUNG
VERGÄNGLICHKEIT
Traum
EBENE DER
EINSAMKEIT
L E E R E
T
H
H
H
Transkontinentale Pipeline aus Entstehen
Zufriedenheit
Wirkung
Wilde Waldameise (nach Chaos)
Wendung
MACHT
Soso
Eiserne Miene
Tropfen
Faß
Überziel
Erschöpfung
Verblendung
Endlich
Völligvergessen
Klamm
Aufeinneues
Streben
Ausdauer
Ein Wille
Unmöglichkeit
Am Schnürchen
Verbissen
Limit
E VON ARBEIT
Bergfest
Rumkommen
Widerwillen
STRESS
Aufenthalt
Abrackern
Handy
Sitzung
Überstunden
Pilatus
Ausreden
Ruhe nach
dem Sturm
Pontius
Stau
Goldene Berge
Luftschloß
Marktlücke
LOHNSTREIFEN
GRÜNE WIESE
Scheitern
Belohnung
ERNTE
Aufgeben
LUXUS
Großer
Mehr
Besser
Fassade
Neid
Verwelkter Lorbeer
Scheeler Blick
Dekadenz
Rückenwind
FREUDE
Vor-Freude
RUHESITZ
Nachhinein

WACHSTUM

s 56

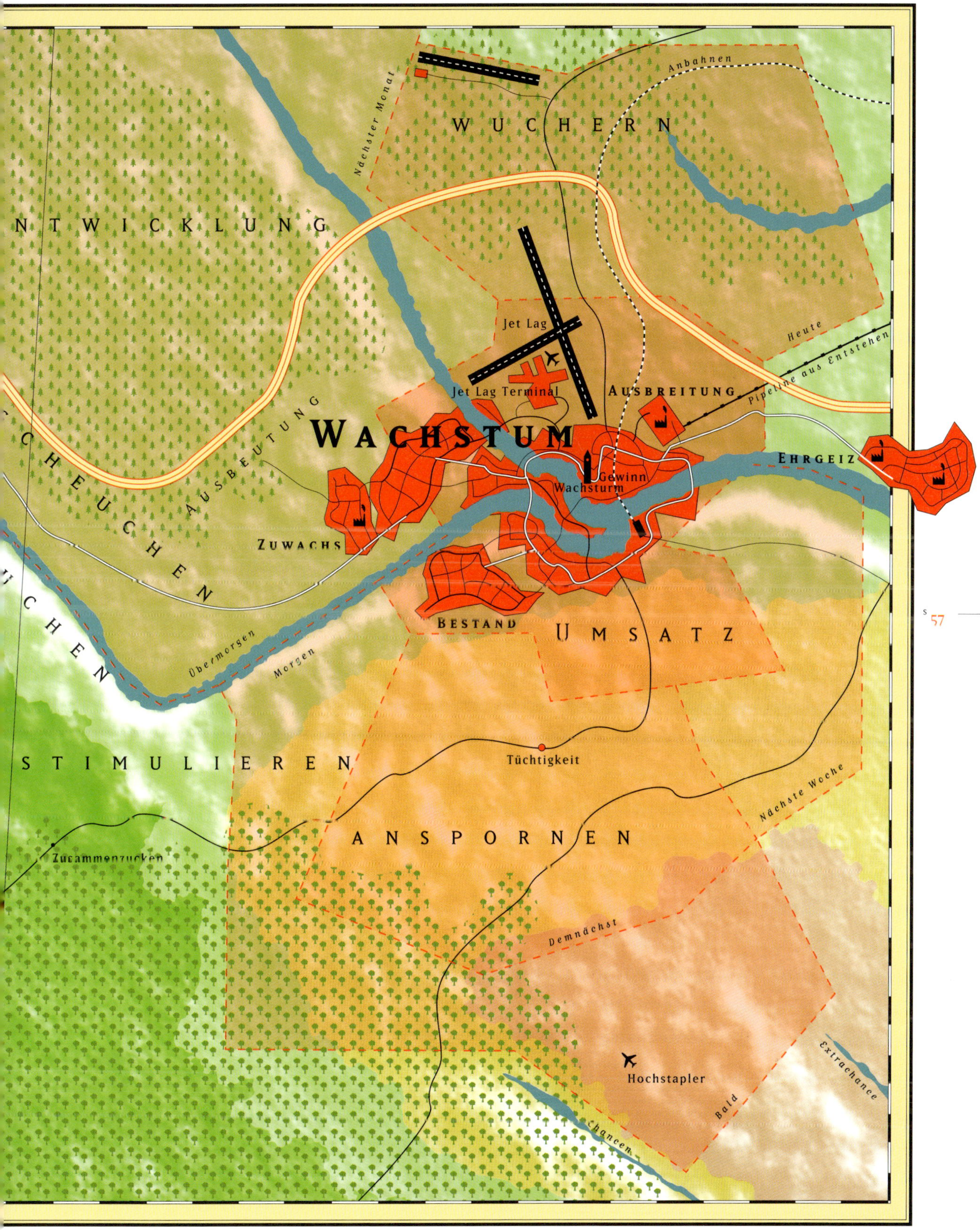
WUCHERN
Nächster Monat
Anbahnen
NTWICKLUNG
Jet Lag
Jet Lag Terminal
AUSBREITUNG
Heute
Pipeline aus Entstehen
WACHSTUM
AUSBEUTUNG
CHEUCHEN
UCHEN
Gewinn
Wachsturm
EHRGEIZ
ZUWACHS
BESTAND
UMSATZ
Übermorgen
Morgen
STIMULIEREN
Tüchtigkeit
Nächste Woche
Zusammenzucken
ANSPORNEN
Demnächst
Hochstapler
Extrachance
Bald
Chancen

Iwan Gontscharow beschreibt 1859 in seinem berühmten Roman, wie die Hauptperson, der Gutsbesitzer Oblomow, fern seines Landgutes Oblomowka ein passives, träges und entschlußloses Dasein in St. Petersburg fristet. Sein Bett und ein orientalischer Morgenmantel bilden seine Welt. Nichts und niemand scheint ihn motivieren zu können, sein Bett zu verlassen. Erst nach mehr als zweihundert Seiten gelingt es seinem Freund Stolz, ihn dazu zu bewegen, aus den Federn zu kriechen und sich in das gesellschaftliche Leben zu stürzen. Aber dort spürt Oblomow sehr schnell die Leere, die Langeweile und die Sinnlosigkeit des hektischen Treibens. Lieber kehrt er wieder zurück zu seinen Träumen von Oblomowka, dem verlorenen Paradies seiner Kinderjahre, das für ihn realer ist als das tägliche Dasein. Auch seine Liebe zu Olga erweckt Oblomow nur vorübergehend. Wie ein 'Wahnsinniger, durch die Leidenschaft Besessener' gibt er sich ihr zunächst hin, hält aber auch dies nicht lange durch. Er kehrt in sein Bett zurück.

Für viele von uns, großgeworden mit den ihnen eingebleuten protestantischen Tugendprinzipien wie 'Müßiggang ist aller Laster Anfang' und 'Arbeit adelt', ist die Leere von Oblomows Existenz nicht unbedingt ein Paradebeispiel für ein gottesfürchtiges, arbeitsreiches und sinnerfülltes Leben. Und doch handelt es sich bei Oblomow um eine der interessantesten Figuren der Weltliteratur. Über ihn wurde viel sinniert und geschrieben. Er soll eine 'verborgene und paradiesische Seele' haben, und wir können uns mit Franz-Xaver Kroetz fragen, ob es sich bei der 'Untugend des Oblomowtums' nicht in Wirklichkeit um eine Tugend handelt.
S 58
Denn ist es nicht so, daß Oblomow sein scheinbar leeres Sein durchaus zu füllen weiß mit Träumereien über sein Paradies? Ist es nicht vielleicht sein Wunsch, von innen heraus zu leben? Handelt es sich bei ihm nicht eigentlich um einen fernöstlichen Mystiker par excellence?

Denn aus dem Fernen Osten kommt viel Leere: Feng Shui, Ikebana, Tai Chi, Jin und Jang ... leer und voll spielen eine wichtige Rolle als Gegensatzpaar. Je leerer unser Gemüt, desto aufnahmefähiger ist es für die schönen und erhabenen Dinge des Lebens. Sagt nicht der Te-Tao Ching, das Tausende von Jahren alte Buch der chinesischen Weisheit:

Bring Leere zu ihrer äußersten Grenze,
Erhalte Ruhe in der Mitte.

Die zehntausend Dinge – Seite an Seite erscheinen sie.
Und hierdurch sehe ich ihre Rückkehr.
Die Dinge kommen zum Vorschein in großer Zahl.
Jedes kehrt zurück zu seiner Wurzel.
Dies heißt Ruhe.
Ruhe – dies bedeutet zurückzukehren zu deiner Bestimmung.
Zu deiner Bestimmung zurückzukehren ist ewig sein.
Das Ewige zu kennen ist weise sein.
Nicht das Ewige zu kennen ist leichtsinnig und wild sein.
Wenn du leichtsinnig und wild bist,
werden deine Taten zu Unglück führen.

Nicht nur im Osten ist die Leere überaus 'in'. Auch bei uns im Westen ist sie schon ziemlich in Mode gekommen. Selbstverständlich wußte wir schon immer, daß Leere als allgemeines Prinzip im täglichen Leben äußerst nützlich ist. Wer Blumen geschenkt bekommt, freut sich über eine leere Vase, ein leeres Zugabteil ist begehrt und selten, und erst recht eine leere Autobahn. Jeder kennt das Gefühl des ersten Federstriches auf einem leeren Blatt oder die ersten Schritte im neuen, noch leeren Haus. Was kann schöner sein, als die sich uns darbietende Leere zu füllen – mit Blumen, uns selbst oder unseren Worten. Diese Qualität von Leere ist dazu da, daß wir von ihr Gebrauch machen und sie füllen.

Etwas diffiziler stellen sich die Dinge jedoch bei uns selbst dar. Sind wir von einer Sache übervoll, tut sich in anderer Hinsicht Leere auf. Beschäftigen wir uns zu sehr mit uns selbst, wendet sich der Partner bald ab. Kümmern wir uns ausschließlich um unsere Arbeit, fehlt uns in anderer Beziehung etwas. Ist das Leben voll Monotonie, suchen wir die Aktivität. Sind wir voller Konflikte und Probleme, vermissen wir Glück und Zufriedenheit.

Nicht umsonst sind wir ständig auf der Suche. Der eine verbringt ein Wochenende mit Meditations-, Zen- oder Saunatherapie gegen Streß, um voller Leere zurückzukommen. Der andere fährt mit einem Gefühl der Leere am Ostermontag mit seiner Familie ins Eurodisney und kehrt voller Emotionen zurück. Wir bemühen uns nach Kräften, unsere Leere zu füllen (sofern uns bekannt ist, an welcher Form von Leere wir leiden). Denn auch wenn Leere 'in' ist, wirkt sie doch gleichzeitig auch beklemmend. Niemand hat es gern, leer im Kopf zu sein, ein leeres Glas bedarf der Füllung und ein leeres Portemonnaie ist eine Katastrophe. Und von Oblomow halten wir eigentlich auch nichts.

Der beliebte amerikanische Schriftsteller Thomas Moore warnt in seinem Werk *Die Pflege der Seele*, uns nicht dazu verleiten zu lassen, das unangenehme Gefühl der Leere vorschnell zu füllen. Leere schafft Raum, und Raum gibt uns die Möglichkeit, unsere eigene Kraft zu finden. Suchen wir diese Kraft anderswo, und füllen wir unsere Leere mit Aktivitäten, die nicht aus uns selbst entspringen, verlieren wir mehr, als wir gewinnen.

Ist dies das Geheimnis des Oblomowtums? Ließ er nicht die Leere des hektischen, gehetzten Lebens und der Leidenschaft links liegen, um – zur großen Verärgerung seiner Umwelt – seine wirkliche Erfüllung in Bett und Morgenmantel zu finden? Was wußte er, das wir nicht wissen?

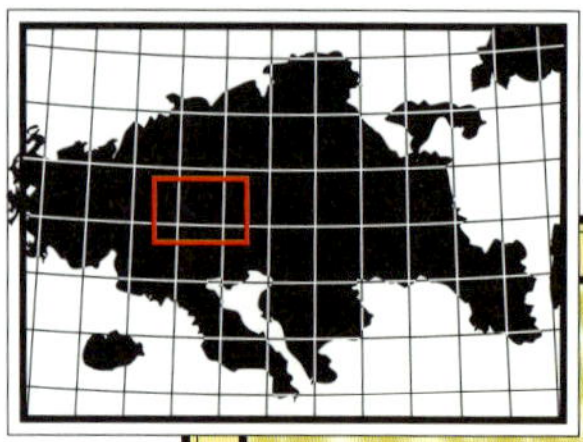

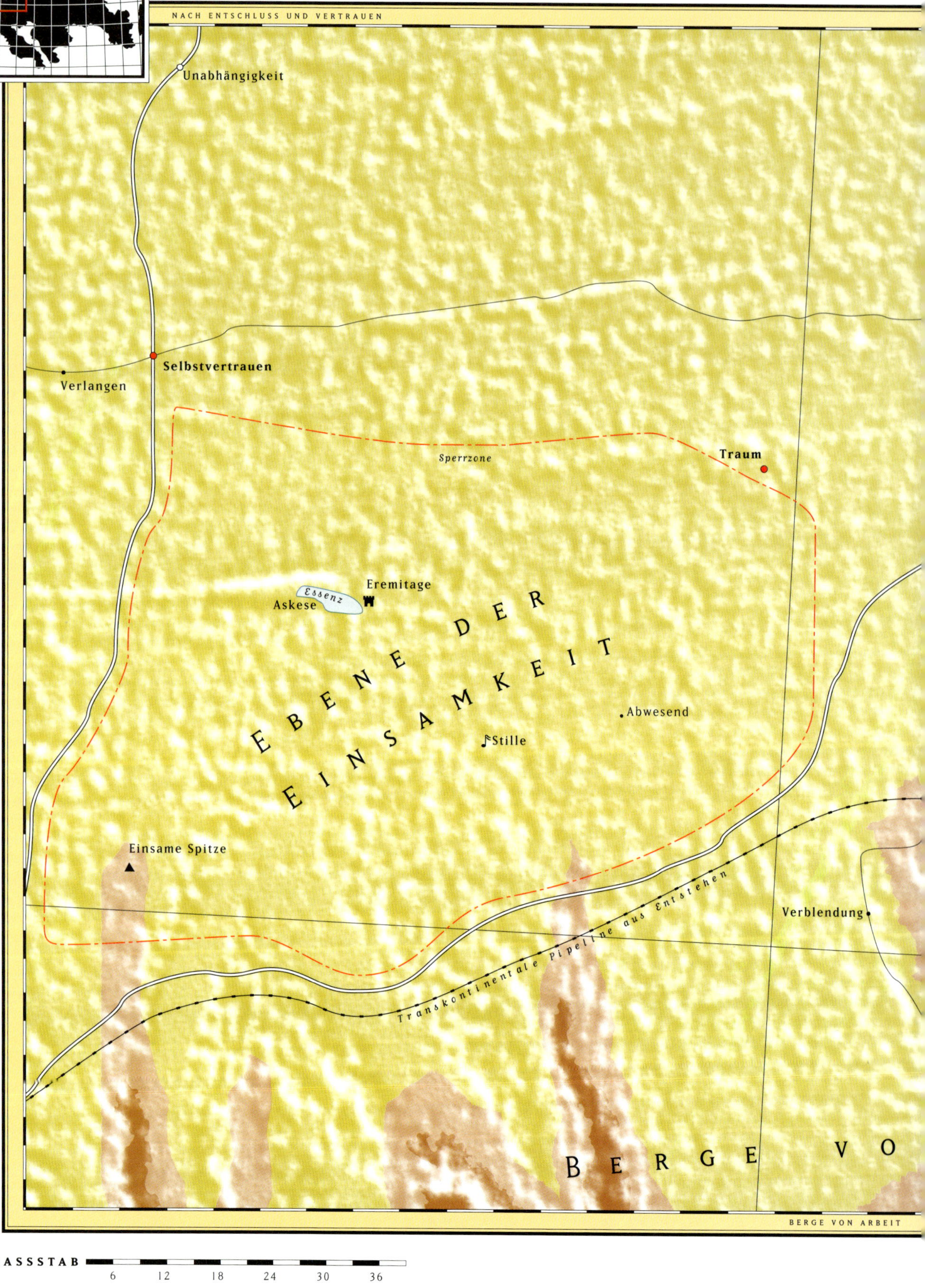

s 60

MASSSTAB
6 12 18 24 30 36

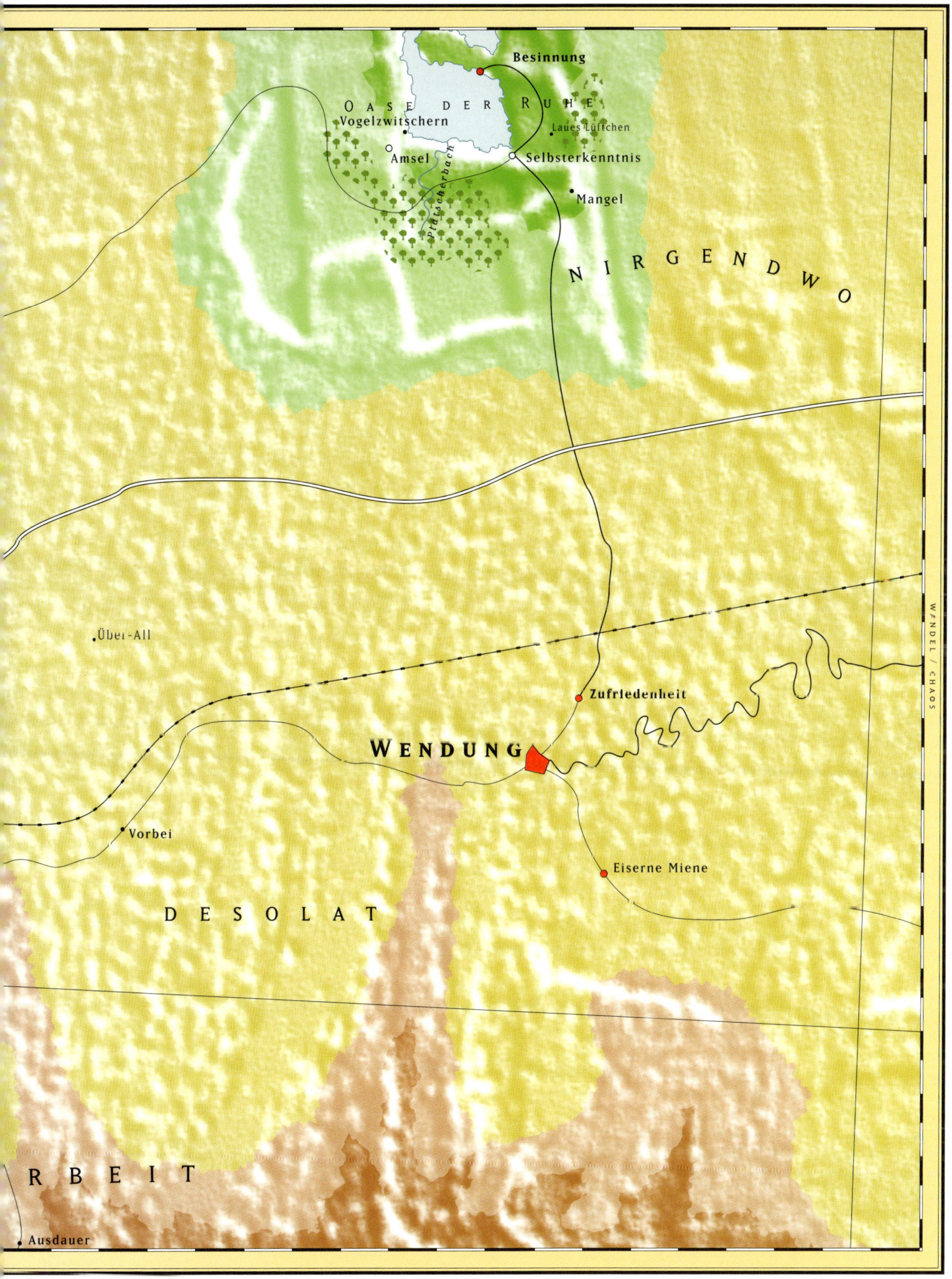

WENDEL / CHAOS
s 61

ENTBEHRUNG UND CHAOS

KARTE 14/15

Die meisten von uns kennen Entbehrungen nur noch aus Büchern und Filmen. Nur die Älteren haben noch am eigenen Leibe die Not der Kriegs- und Nachkriegsjahre erlebt. Heutzutage mangelt es uns höchstens an dem Boot, das unser Freund besitzt und wir nicht, an der Klimaanlage, wie sie der Nachbar im Auto hat, und an der dritten Urlaubsreise im Jahr, die für viele schon Standard ist.

Auf der anderen Seite scheint jedoch gerade der Verzicht auf unseren gewohnten täglichen Luxus eine enorme Anziehungskraft auszuüben. Viel Zeit, Mühe und Geld werden verwandt auf Vorbereitung und Durchführung von Polarexpeditionen, Saharadurchquerungen und Einhand-Segelregatten rund um den Globus. Verglichen mit den Entbehrungen, denen sich diese Menschen aussetzen, erscheint ein Überwintern in Nordsibirien so harmlos wie ein Schulausflug.

Interessanterweise sind diese Entbehrungen ausgerechnet ein Privileg der Reichen. Weniger Begüterte entscheiden sich eher für Pauschalurlaub mit Gratis-Liegestuhl am Pool und einem Willkommenstrunk bei der Ankunft. Aber auch bei ihnen wüten Reste des Ur-Instinktes, mit dem geringstmöglichen Aufwand ein Maximum an Entbehrung zu erreichen und so zum Beispiel Fleisch lieber auf dem Holzkohlegrill in selbige zu verwandeln, als es auf einem Induktionskochfeld zu garen.

Die perfekteste Umsetzung dieses Dranges, sich der Natur auszuliefern, heißt Camping. Warum dessen selbstauferlegte Entbehrungen bei alt wie jung so beliebt sind, ist Nicht-Campern völlig schleierhaft. Absolut freiwillig, ohne daß wir hierzu im geringsten gezwungen wären, werfen wir für einige Wochen alles, was wir in unserem Leben an Luxus und Bequemlichkeit errungen haben, komplett über Bord.

Da stehen wir dann mit unserem Zelt auf dem uns zugewiesenen Fleckchen im geselligen Verbund Hunderter anderer Caravans und Zelte vor, hinter und neben uns. Keine Bewegung, kein Geräusch und keine (Un-)Sitte unserer nahen und auch ferneren Mit-Camper (Zelttuch ist dünn) können uns entgehen. Wir lernen ihre Einstellung zu Fragen der Kindererziehung ebenso kennen wie ihren täglichen Verdauungsrhythmus, den die unter den Arm geklemmte Klopapierrolle verrät.

Im Sanitärgebäude ist es um die Hygiene oft ebenso schlecht bestellt wie um die Geräuschisolierung der WC-Abteile. Haben sich unsere Augen erst einmal an das Dunkel gewöhnt, sehen wir, wie dreckig der Lokus ist. Erst nach längerem Warten in unseren möglichst dicksohligen Badelatschen (oder besser noch Gummistiefeln) können wir uns auf der noch warmen Brille niederlassen. Unvermeidlich mischen sich unsere Geräusche und Gerüche mit denen aus den übertrieben gut belüfteten Nachbarkabinen. Zum Händewaschen müssen wir dann auch noch einen Raum weiter.

Die Idee zu einer Dusche hatte vor uns schon der größte Teil der Campingplatzbewohner und wartet bereits schweigend, das Handtuch sportlich um den Hals gehängt und den Kulturbeutel unter dem Arm. Jeder versucht, durch hypnotische Blicke die Duschenden aus ihren Kabinen zu vertreiben. Diese lassen sich jedoch nicht beirren. Da sie zumeist bereits seit längerem keine Dusche mehr hatten ergattern können, fällt die Reinigungsprozedur um so gründlicher aus. Darum gibt es auch längst kein warmes Wasser mehr, sollten wir es überhaupt je schaffen, uns einer Duschkabine zu bemächtigen.

Auf dem Kabinenboden steht eine Lage Schlamm. Die gesamte Kabine trieft vor Nässe. Es gibt kaum eine Chance, Kleidung, Handtuch, Latschen und Kulturtasche so unterzubringen, daß wir oder unsere Nachbarn sie nicht naßspritzen. Ablage- und Abstellmöglichkeiten orientieren sich an der Kabinengröße und fallen daher äußerst bescheiden aus. Auch der dünne Strahl kalten oder lauwarmen Wassers aus dem Duschkopf hat sich den allgemeinen Größenverhältnissen angepaßt. Wir müssen uns artistisch verrenken, damit das Wasser alle Stellen unseres Körpers erreicht. Als Krönung harrt unserer das Kunststück, in der einen Hand die Seife und mit der anderen den Knopf gedrückt halten zu müssen, der die Wasserzufuhr sicherstellt. Stets besteht die Gefahr, daß plötzlich ein starker, dann aber eiskalter oder glühendheißer Wasserstrahl auf uns niederschießt. Und nur ein Schlangenmensch schafft es, sich in der Enge abzutrocknen und anzuziehen, ohne daß die Kleidung hierbei klitschnaß wird.

Zum Zähneputzen, Rasieren und Kämmen dürfen wir uns dann noch um ein Waschbecken anstellen, um dort unsere Verrichtungen auf offener Bühne durchzuführen. Garantiert meint der Mensch am Nebenbecken auch, bei uns ein dringendes Bedürfnis nach einer Unterhaltung gespürt zu haben.

Aus Mangel an Unterbringungsmöglichkeiten herrscht im Inneren eines Zeltes grundsätzlich ein komplettes Chaos. Die Luftmatratze ist zu kurz, zu schmal und zu undicht, als daß man so etwas wie Nachtruhe finden könnte. Da der Untergrund nie eben ist, wachen wir mehrmals pro Nacht neben der Matratze auf.

Überall krabbeln Spinnen und anderes Ungeziefer herum, als ob sie Hausrecht hätten. Töpfe und Pfannen wären für ein Puppenhaus nur knapp zu groß, aber dafür haben wir auch nur eine Flamme. Weil unsere Ausrüstung überaus beschränkt ist, muß alles sofort abgewaschen werden, um gleich wieder einem anderen Zweck dienen zu können. Besitzen wir überhaupt eine Kühlbox, ist diese so klein, daß wir uns stets zwischen verdorbenen Lebensmitteln und warmem Bier entscheiden müssen.

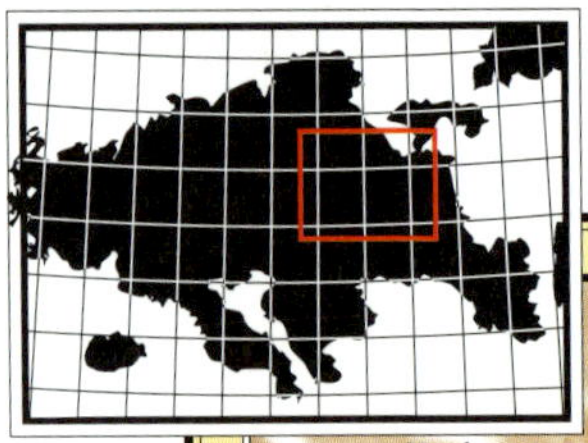

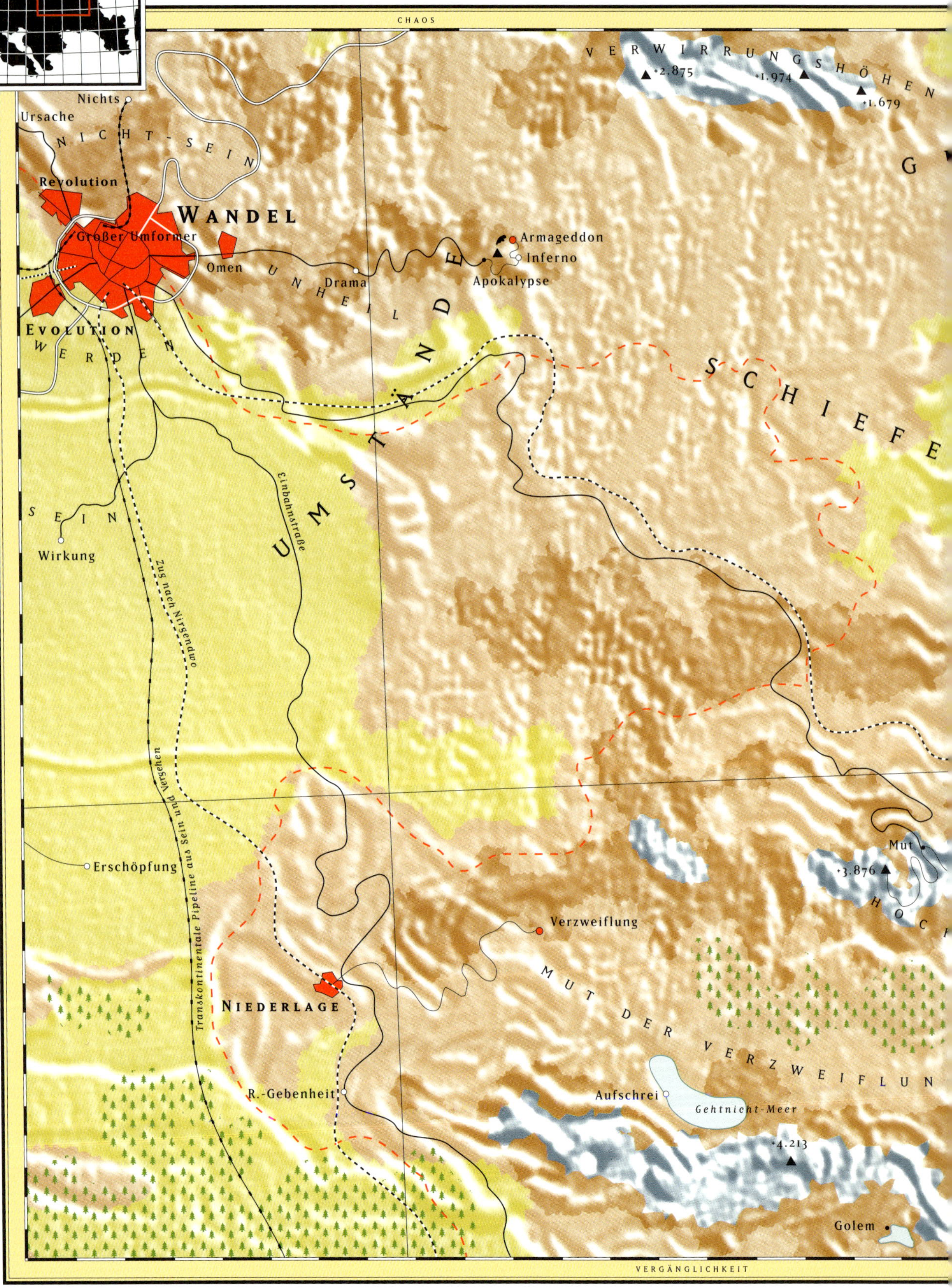

s 64

MASSSTAB 5 10 15 20

NACH ERINNERUNGEN UND GRÜBELEI

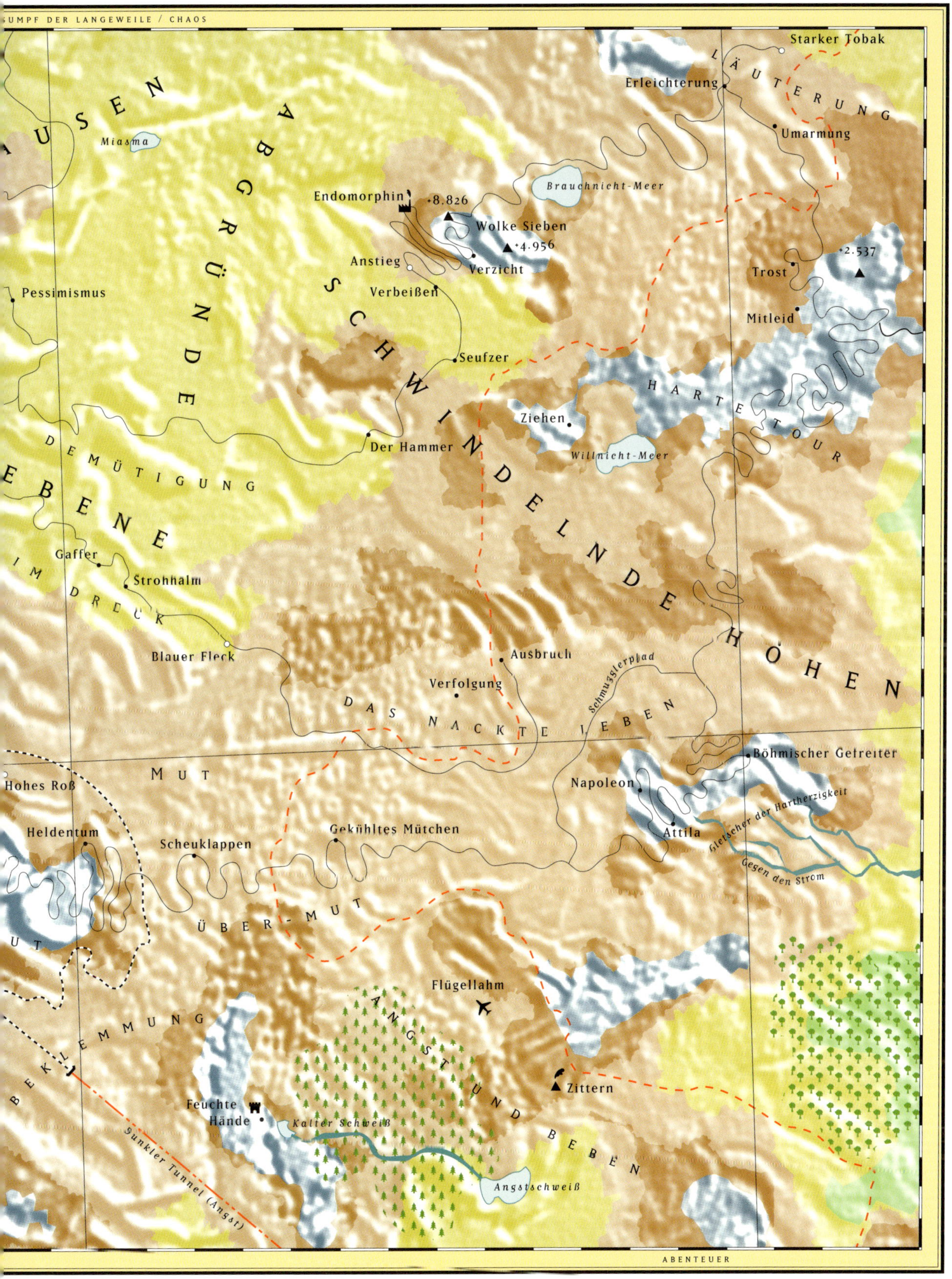
SUMPF DER LANGEWEILE / CHAOS
Starker Tobak
Erleichterung
LÄUTERUNG
Umarmung
Miasma
ABGRÜNDE
Brauchnicht-Meer
Endomorphin
8.826
Wolke Sieben
4.956
Anstieg
Verzicht
2.537
Trost
Pessimismus
Verbeißen
Mitleid
SCHWINDELNDE HÖHEN
Seufzer
HARTE TOUR
Ziehen
Willnicht-Meer
Der Hammer
DEMÜTIGUNG
EBENE
Gaffer
Strohhalm
IM DRUCK
Blauer Fleck
Ausbruch
Schmugglerpfad
Verfolgung
DAS NACKTE LEBEN
Böhmischer Gefreiter
MUT
Napoleon
Hohes Roß
Gletscher der Hartherzigkeit
Heldentum
Scheuklappen
Gekühltes Mütchen
Attila
Gegen den Strom
ÜBER-MUT
Flügellahm
BEKLEMMUNG
ANGST UND BEBEN
Zittern
Feuchte Hände
Kalter Schweiß
Dunkler Tunnel (Angst)
Angstschweiß
ABENTEUER

Kälte, Hitze und Regen sind wir schutzlos ausgeliefert, selbst wenn wir uns darauf eingestellt hätten. Streiten wir uns abends oder können nicht schlafen, wird das Zelt plötzlich zum Gefängnis – eine Rückzugsmöglichkeit besteht nicht. Liegt unser Standplatz dicht an den Sanitärgebäuden, haben wir unter Lärm und Gestank zu leiden, liegt er weit weg, sollten wir besser nicht plötzlich oder mitten in der Nacht müssen.

Warum also tun wir uns diese massiven Entbehrungen an? In einem alten Comic strip schleppen sich Menschen in glühender Hitze eine Straße entlang. Sie sehen ein Schild, auf dem für eine geringe Gebühr Abkühlung versprochen wird. Wer hiervon Gebrauch macht, wird zu seiner Überraschung mit Pelzmantel und -mütze eingekleidet und in eine Wellblechhütte gewiesen, die voll in der prallen Sonne steht und in der es entsprechend heiß ist. Aber als wie herrlich kühl empfinden es die Menschen, wenn sie nach einiger Zeit wieder ins Freie kommen und Mantel und Jacke ausziehen!

s66

Wirkt Camping ähnlich? Sorgt es dafür, daß wir uns nach einigen Wochen des Verzichts zurück nach Haus und Hof sehnen, um uns im Luxus unserer Wohnung zu aalen? Ist dies unsere Methode, uns selbst zu lehren, mit dem glücklich zu sein, was wir haben?

CHAOS

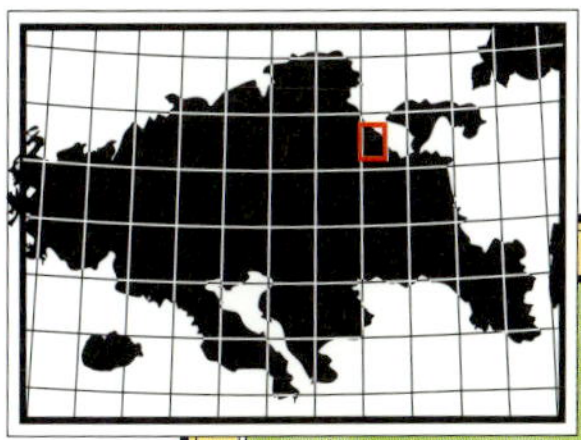

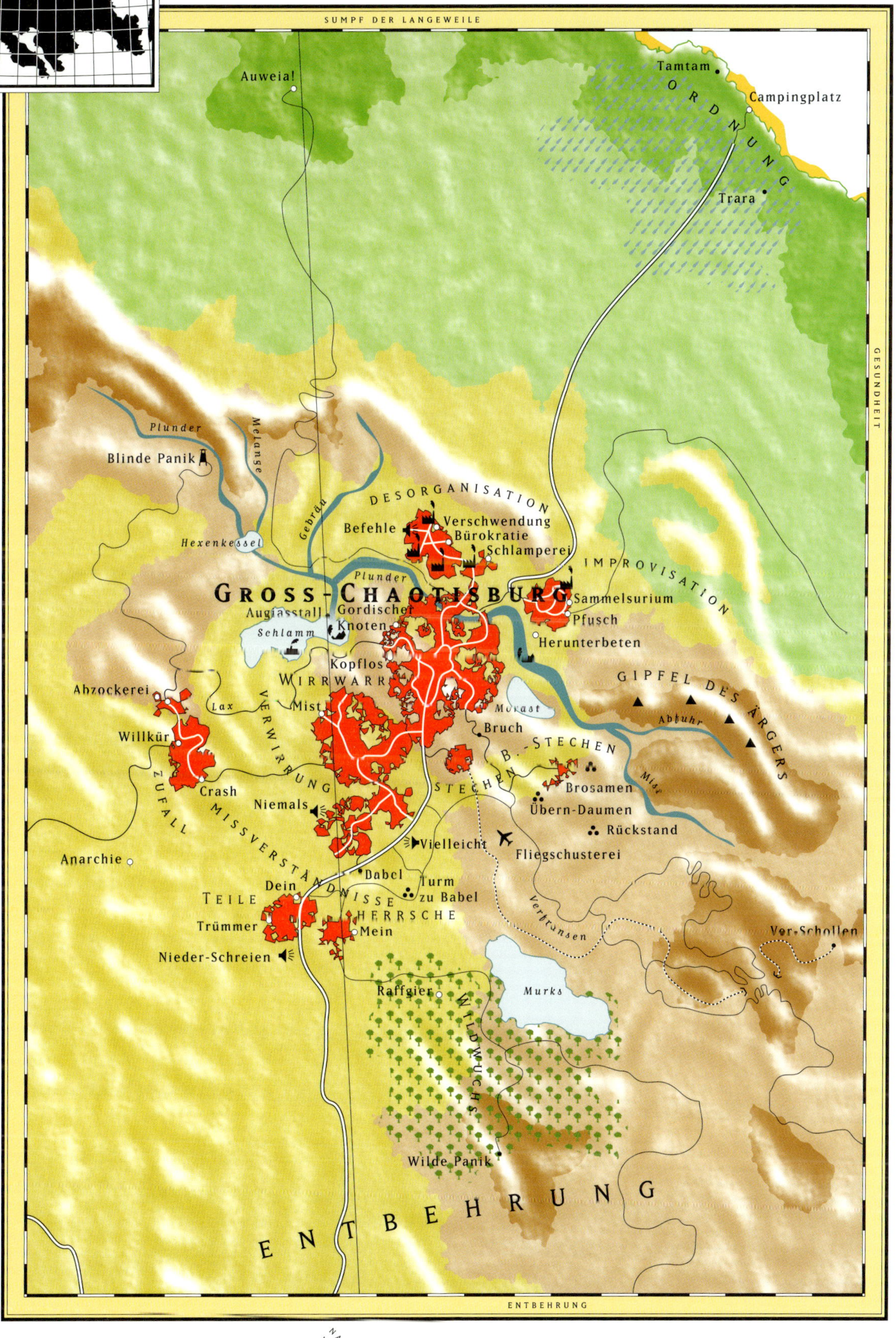

FÜHRT ZU NICHTS

NACH WANDEL

MASSSTAB 0 1 2

MASSSTAB 10 20 30 40 50

s 67

Thomas Mann berichtet in einer seiner frühen Erzählungen, *Enttäuschung* aus dem Jahre 1896, von einem Gespräch mit einem ihm Unbekannten in Venedig. Dieser Fremde beschreibt sein Leben als eine einzige, große Enttäuschung. Als Kind habe er 'das göttlich Gute und das haarsträubend Teuflische' und 'das entzückend Schöne und das Gräßliche' erwartet und nach 'dem berauschend herrlichen Glück und dem unsäglich, unahnbar furchtbaren Leiden' verlangt. [1]

Doch schnell sei sein Verlangen enttäuscht worden. Er erinnere sich noch, daß er sich als Kind gefragt habe, während er sein Elternhaus in Flammen aufgehen sah, ob das nun alles gewesen sei. Er habe ein bestimmtes Mädchen geliebt und sie heiraten wollen, doch sie habe ihn abgewiesen. Er habe gedacht: Jetzt erlebe ich den großen Kummer, aber wozu ist das nun eigentlich gut?

Das Ende der Geschichte wird hervorragend umgesetzt in dem Lied *Is that all there is?*, das auf Thomas Manns Erzählung basiert und in dem Peggy Lee über sich selbst singt:

> *Ich weiß, was du dir jetzt sagst,*
> *Wenn sie so darüber denkt,*
> *Warum macht sie nicht einfach Schluß.*
> *Nein, nicht ich, ich kann die endgültige Enttäuschung*
> *Noch nicht ertragen,*
> *Weil ich weiß, so wahr ich hier stehe und mit dir spreche,*
> *Wenn das Ende kommt, der letzte Atemzug,*
> *Werde ich mich fragen:*
> *War das wirklich schon Alles?*

Diese Frage ist uns leider nur zu gut bekannt. Spannung, Überraschung und Gefahr des Abenteuers sind aus unserem Leben gewichen; uns bleiben nur noch kleine Abenteuerchen.

Doch es liegt bei uns, ob wir unser Leben auf Abenteuer ausrichten oder nicht. Dafür ist es nicht so wichtig, die Grenzen ferner Länder zu überschreiten, sondern vielmehr die Grenzen in uns selbst. Wir können immer wieder etwas angehen, vor dem wir uns fürchten, das wir nicht zu schaffen glauben oder das wir noch nie versucht haben. Zu Menschen, die uns zu kennen meinen, können wir uns plötzlich anders verhalten, wir können die Welt durch eine andere Brille betrachten oder uns durch Eingebungen und Zufälle leiten lassen. So wie *Der Würfler* von Luke Rhinehart zum Beispiel, der zunächst ein eintöniges Leben führte, in Routine erstarrt und zahllosen Zwängen unterworfen. Das typische Leben eines erfolgreichen, verheirateten Mannes, der schon alles kennt. Er sehnt sich nach der Zeit, da er alles zum ersten Mal erlebte:

> Der erste Luftballon, eine Reise in ein fremdes Land. Eine herrliche, stürmische Beziehung zu einer neuen Frau. Das erste Gehalt oder die Überraschung, das erste Mal am Pokertisch oder auf der Rennbahn richtig abzuräumen.

Die aufregende Isolation, sich als Anhalter in den Wind zu lehnen, darauf wartend, daß jemand hält und mich mitnimmt, vielleicht fünf Kilometer zur nächsten Stadt, vielleicht zu einer neuen Freundschaft, vielleicht in den Tod. Die tiefe Glut, die ich fühlte, als ich wußte, daß ich endlich einen guten Artikel geschrieben, eine brillante Analyse vollbracht oder einen perfekten Rückhand-Lob geschlagen hatte. Das Aufregende einer neuen Lebensphilosophie. Oder ein neues Haus. Oder mein erstes Kind. Das ist, was wir aus dem Leben herausholen wollen, und jetzt ... scheint es verschwunden zu sein, und offenbar können weder Zen noch Psychoanalyse es zurückbringen. [2]

Dann entdeckt er, daß sein Leben zum Abenteuer wird, wenn er sein Geschick vom Würfelglück bestimmen läßt. Wirft er zum Beispiel die Eins, verlebt er den Tag in der ihm vertrauten Manier. Bei einer Zwei aber hört er auf, seine stumpfsinnigen psychoanalytischen Artikel zu verfassen, bei Drei verkauft er seine Aktien, bei Vier gibt er seine psychiatrische Praxis auf, bei Fünf fängt er eine Affäre mit der Nachbarin an und bei Sechs unternimmt er einen Ausflug nach San Francisco.

Der Würfel schickte mich in Bars, die über die ganze Stadt verstreut lagen. Dort saß ich, nippte am Glas, hörte zu, unterhielt mich. Er wählte Wildfremde aus, zu denen ich ging, um mit ihnen zu reden. Er bestimmte die Rollen, die ich bei diesen Unbekannten spielte. Ich war ein [...] homosexueller Bühnendichter, ein alkohol kranker Dozent, ein entflohener Häftling und so weiter. Der Würfel bestimmte, daß ich Fremde verführte, die ich willkürlich aus dem Telefonbuch auswählte (Mrs. Anna Maria Spoglio war die Glückliche, aber zum Glück hatte ich eine gewaltige Abneigung gegen sie), daß ich versuchte, von dem unbekannten X zehn Dollar zu borgen (klappte auch nicht), daß ich dem ebenfalls unbekannten Y zwanzig Dollar geben solle (er drohte, die Polizei zu rufen, griff dann das Geld und rannte weg) [...]. Ich spielte Bowling, wurde Mitglied in einem Fitneßstudio, um meinen Bauch wegzutrainieren, besuchte Konzerte, Baseballspiele, machte bei Sit-ins und Gate-Crashes mit; alles, was ich noch nie zuvor getan hatte, stellte ich zur Wahl, und der Würfel warf mich von einem zum anderen. [3]

Es ist sicher etwas extrem, auf diese Weise Abenteuer in sein Leben zu bringen, aber wir können sehr wohl unsere Grenzen überschreiten, Herausforderungen annehmen, andere Rollen spielen, tun, was wir sonst nie tun, Ängste überwinden, uns selbst übertreffen und unser Leben in ein Märchen verwandeln. Nicht so sehr, um Spannung der Spannung willen in unser Leben zu bringen, sondern um die Fähigkeiten, mit denen wir ausgestattet sind, zu erforschen und zu nutzen. Das Abenteuer sind wir selbst!

1 Thomas Mann, Enttäuschung (1896), in: Die Erzählungen. Erster Band. Frankfurt/Main 1975, S. 46-50, hier: 48
2 Luke Rhinehart, Der Würfler. Wien u.a. 1972
3 Ebenda

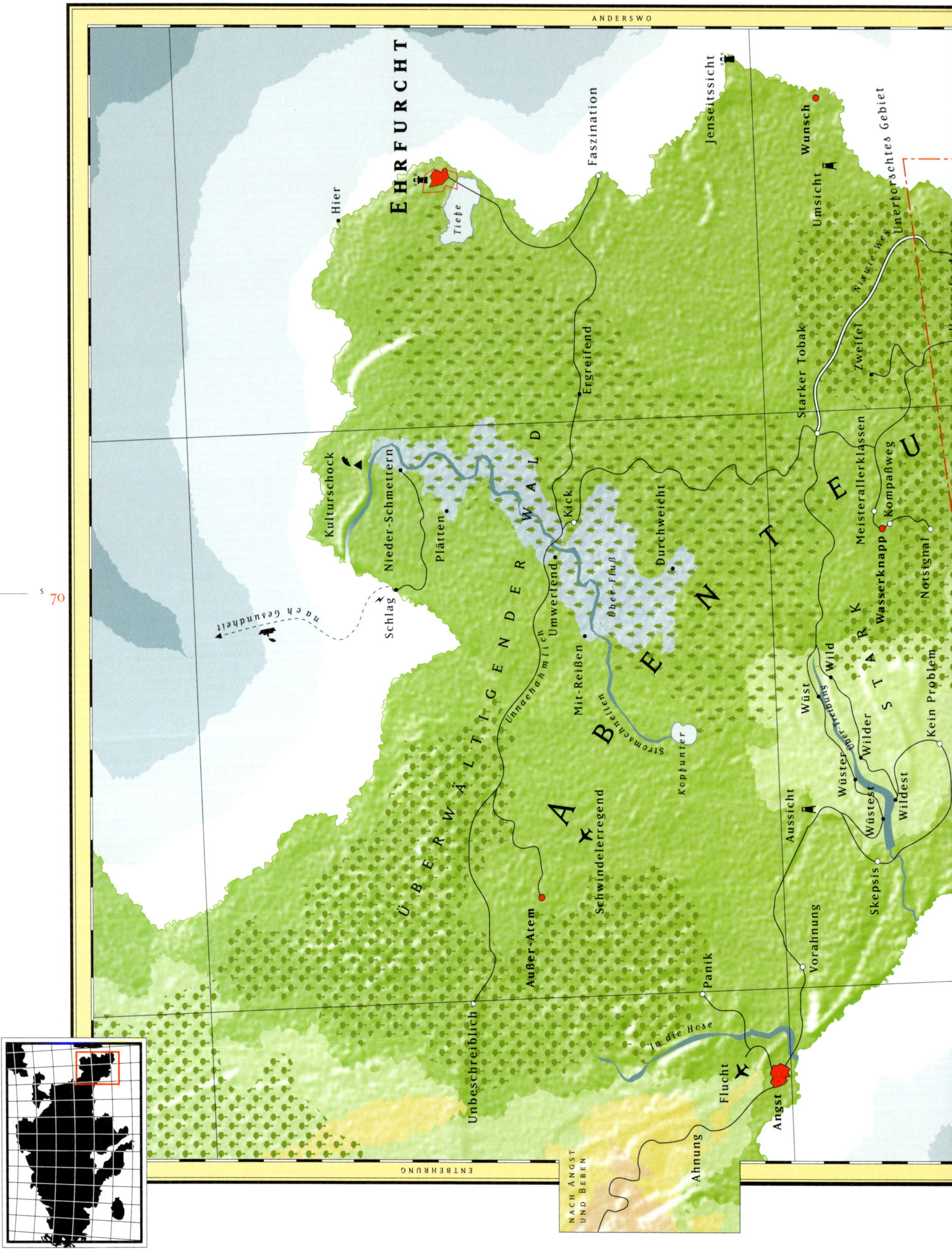
ANDERSWO
ENTBEHRUNG
NACH ANGST UND BEBEN
EHRFURCHT
Hier
Tiefe
Faszination
Jenseitssicht
Wunsch
Umsicht
Unerforschtes Gebiet
Nixwie Weg
Zweifel
Starker Tobak
Ergreifend
Meisterallerklassen
Kompaßweg
Wasserknapp
Notsignal
Kulturschock
Nieder-Schmettern
Plätten
Kick
Durchweicht
Umwerfend
Ober-Fluß
Mit-Reißen
Schlag
nach Gesundheit
ÜBERWÄLTIGENDER WALD
Unnachahmlich
Stromschnellen
Kopfunter
ABENTEUER
STARK
Wüst
Wild
Wüster
Wilder
Wüstest
Wildest
Kein Problem
Aussicht
Skepsis
Schwindelerregend
Außer-Atem
Vorahnung
Panik
In die Hose
Flucht
Angst
Ahnung
Unbeschreiblich

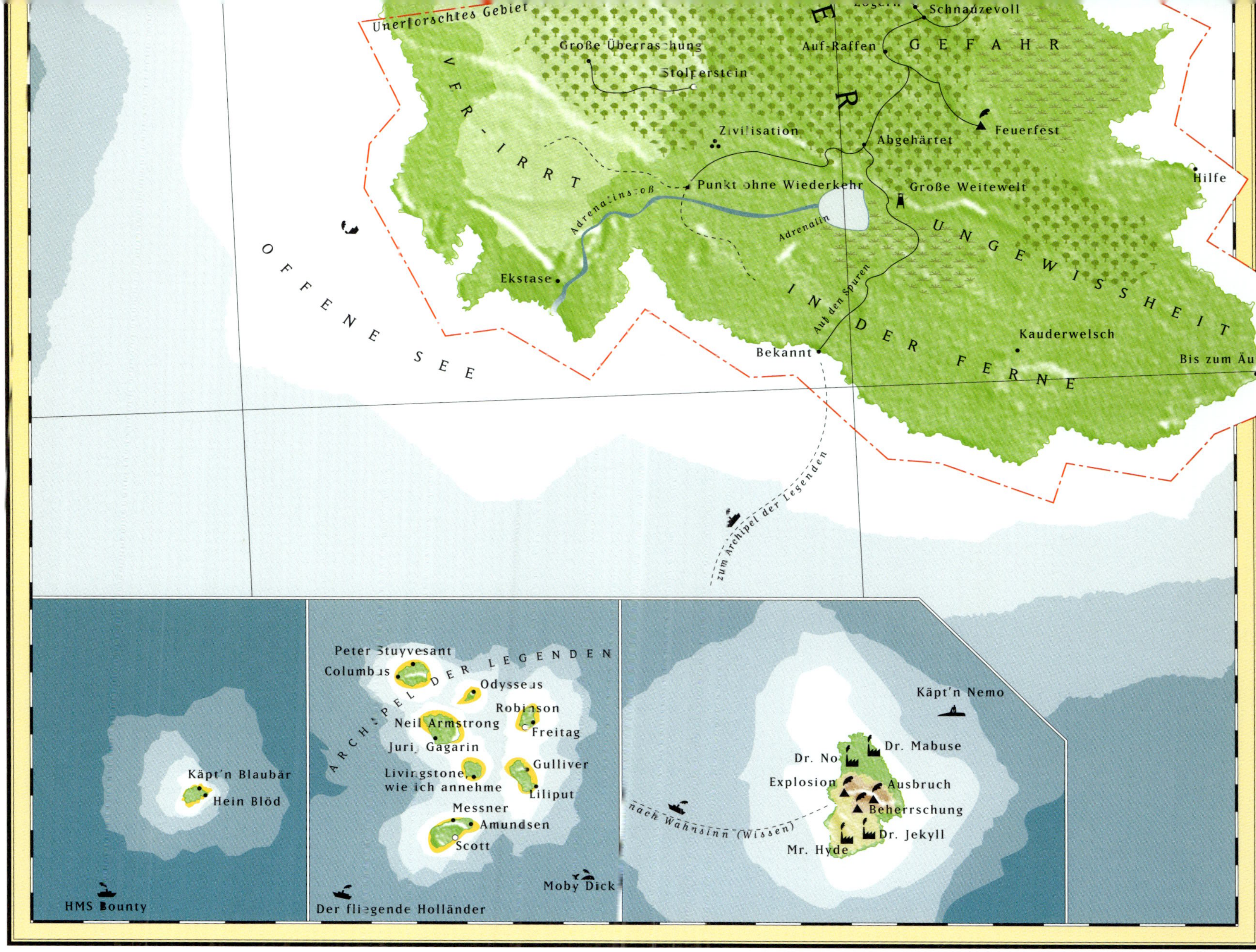

MASSSTAB 10 20 30 40 50

GROSSES SCHLEMMEN

KARTE 17

Der Mensch lebt nicht vom Brot allein, lehrt uns die Bibel (Matth. 4:4). Sondern auch vom Fleisch guter Lämmer, entgegnet Nietzsches Prophet Zarathustra und läßt für seine hungrige Gesellschaft 'höherer Menschen' – einen traurigen Wahrsager, zwei Könige, den letzten Papst, einen Experten für Blutsauger, einen alten Zauberer, den Mörder Gottes, einen freiwilligen Bettler, einen Landstreicher und einen Esel – seine zwei Lämmer schlachten, mit Salbei zubereiten und mit Wurzeln, Früchten, Nüssen und einem guten Glas Wein servieren.

Zarathustra – guter Psychologe, der er prinzipiell ist – weiß, daß sein beabsichtigter Vortrag 'Der höhere Mensch' bei hungrigen Zuhörern nicht auf fruchtbaren Boden fiele. Hunger deprimiert auch höhere Menschen; sie können dann schnell irritiert reagieren und sind ausschließlich interessiert an 'Der gesättigte Mensch'.

Landluft macht natürlich hungrig. Aber zwei Lämmer für zehn Gäste? Schließlich kann Zarathustra auch der Versuchung nicht widerstehen, seine Gäste bereits während des Essens mit seinen Visionen vom 'höheren Menschen' zu belästigen. Zwei Lämmer und eine Tischrede, gespickt mit Bemerkungen wie 'Heulen und Zähneklappern', 'Ihr leidet mir noch nicht genug' und 'o Ekel, Ekel, Ekel'. Da dürfte einiges übriggeblieben sein. Vielleicht wollte Zarathustra dafür sorgen, daß seine Schlange und sein Adler ebenfalls noch satt wurden.

Nietzsche, der in *Also sprach Zarathustra* das Christentum als Agent Provocateur aller menschlichen Schwächen scharf verurteilt, wird bei dem Bericht von dieser Mahlzeit mehr im Sinn gehabt haben, als nur das Füllen hungriger Mägen zu beschreiben. Steht das Lamm nicht als Symbol für Christus? Handelt es sich bei Salbei nicht um das Allheilmittel für jede Krankheit und Schwäche? Und könnten die Wurzeln nicht ein Synonym sein für die untrennbare Verankerung des Christentums in unserer westlichen Kultur (die damals noch der Bereicherung um Freuds sexuelle Symbolik harrte)? Läßt sich ein noch antichristlicheres Mahl ersinnen?

Oder ging es Nietzsche wirklich nur um das Essen, wobei Zarathustras geschlachtete Lämmer erst gründlich mit frisch gepflücktem, wildem Salbei eingerieben und dann langsam über einem glimmenden Holzfeuer geröstet wurden, vielleicht noch mit dem einen oder anderen würzigen Salbeizweig in der Bauchhöhle?

Jedenfalls wird Zarathustas Mahl phantastisch geschmeckt haben – zubereitet in angeregter Atmosphäre, genossen in ländlicher Szenerie inmitten interessanter Menschen und bestehend aus nichts als frischen Zutaten von höchster Qualität: kurz zuvor geschlachteten Freilandlämmern, ungespritztem Wildsalbei und gerade erst gezogenen Möhren.

Ein kunstvoll komponiertes Mahl ist nicht nur eine Symphonie für den Gaumen, sondern gleichzeitig eine Augenweide. Es muß nicht nur von der Qualität der Speisen her perfekt sein, sondern auch bei der Auswahl der Gäste überzeugen, der Berücksichtigung ihrer gemeinsamen Geschmäcker und der Gespräche, die sich aus dem Zusammensein ergeben können. Für ein perfektes Diner dürfen nicht zu viel Gäste anwesend sein. Bankette sind selten etwas für tüchtige Esser. Der ehemalige britische Premier Disraeli, auf diesem Gebiet äußerst bewandert, sagte hierzu: 'Nicht weniger als die Grazien, nicht mehr als die Musen ...' Also mindestens drei, maximal neun Gäste. [1]

Wenn es um gutes Essen geht, verschwinden die Unterschiede zwischen den Völkern. Der französische Schriftsteller André Maurois, von dem dieses Zitat stammt, der britische Politiker Disraeli und der deutsche Philosoph Nietzsche stimmen sämtlichst in dem überein, was eine vortreffliche Mahlzeit ausmacht: exquisite Zutaten und Speisen, unterhaltsame Gesellschaft, stimmungsvolle Umgebung und beliebig viel Zeit. All das kostet natürlich Zeit, Geld und Mühe, aber das sollte uns ein bißchen Kultur schon wert sein.

Jede Kraft ruft eine Gegenkraft hervor. In der Tat hat auch die erlesene, perfektionierte Eßkultur ihr Gegenstück hervorgebracht: die Fast-food-Kultur. Sofern man diese als Kultur ansprechen kann. Kompositionen zwischen klitschigen, die Magensäure aufschäumenden Brötchen, aufgewärmte Büchsengerichte, Mikrowellenessen, der schnelle Automatenimbiß scheinen heute genauso zu den weltweiten Eßgewohnheiten zu gehören wie früher Fisch am Freitag. Jeder hat es eilig, der Terminkalender ist voll und Ruhe findet man höchstens beim Fernsehen. Was können wir unsere Kinder in kulinarischer Hinsicht denn lehren, wenn sie während des tollen Urlaubs in nahen oder fernen Ländern nur dann aus ihrer Walkman Lethargie aufschrecken, wenn sie das gelbe 'M' erspähen? Hier haben Restaurant-Sterne (oder mürbe gequengelte Eltern) verloren.

Aber Kraft und Gegenkraft verschmelzen auch wieder zu etwas Neuem. Eine Synthese eigentlich, bei der wir zum Beispiel lange und gemütlich mit unseren Freunden speisen, aber ein Großteil der Gerichte vorgegart gekauft wurde. Diese Art des Genusses hält immer mehr Einzug. 'Fusionsküche' müßte das eigentlich heißen, wenn der Begriff nicht bereits belegt wäre mit dem Zusammenführen von Speisen und Zutaten aus verschiedenen Ländern – Rosenkohl mit Tofu ist ein Beispiel hierfür.

Zum Glück kann das Schreiben über Essen noch echte Kultur darstellen. Laura Esquivel beschreibt in *Rote Rosen und Tortillas* den verborgenen, aber nichtsdestoweniger dramatischen Zusammenhang zwischen dem Gemütszustand desjenigen, der das Essen zubereitet, und dem, der es verzehrt. In dieser tragischen Liebesgeschichte verarbeitet die Küchenprinzessin Tita regelmäßig ihre Gefühle für ihre unerreichbare Liebe, Pedro, in einer Anzahl komplizierter Gerichte. Als Pedro nach mexikanischer Sitte ihre ältere Schwester heiraten muß und Tita mit der Zubereitung des Hochzeitsschmauses beauftragt wird, vermengen sich ihre Tränen mit den Speisen. Als Folge liegen gegen Ende des Mahls alle Hochzeitsgäste tiefbetrübt auf dem Boden und heulen.

Wir leben eben nicht vom Brot allein, sondern auch von Geschichten über fabelhafte Mahlzeiten.

1 André Maurois, On Gastronomy, mit einem Vorwort von Gerald Maurois: Cooking with a French Touch. New York 1951, S. IX

GROSSES

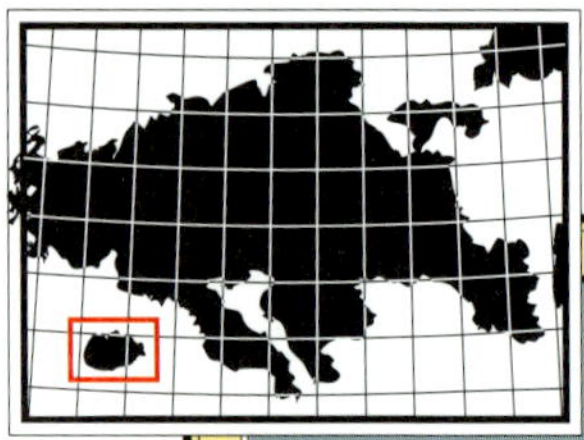

S 74

MASSSTAB 10 20 30 40 50

BERGE VON ARBEIT
Zweiter Stern
GROSSER BRAND
nach Lange Sommerabende
ppetithappen
Ein Stern
KLEINER DURST
Geschmack
Q.B.A.
Salz
Riesling
Suppe
Spätlese
Calzone
Ober!
Antipasta
Auslese
Torte
Süß
Noch-'ne-Runde
Chateau Migraine
Herb
Sirup
Schaumwein
Weißwein
Hier können Familien Kaffee kochen
Geschmack
Wilder Lachs
Kl. Nußecke
Roque-Fort
Mt. Gorgonzola
Bouillabaisse
FISCHMARKT
Bitter
Nachgeschmack
Mundgeruch
Spearmint
MEER DER MEERESFRÜCHTE
SUSHI-INSELN
Tan
Wan
Tofu
ÜBERFLUSSES
GENUSS

GENUSS

KARTE 18

Genuß ist Sache des Körpers: Den spektakulären Sonnenuntergang saugen unsere Augen in sich auf, die Ohren baden in der Musik, das gute Essen zergeht auf der Zunge und unsere Haut vibriert unter den Liebkosungen unseres Partners. Soweit die Theorie. In der Praxis scheitert echtes Genießen leider häufig an unserem chronischen Zeitmangel.

Zum Glück haben wir dafür eine Lösung erdacht – wir machen Urlaub. Am liebsten alle gleichzeitig, damit wir uns in erster Linie gegenseitig intensiv genießen können. Niemals wird so viel geliebt, gegessen und Sonnenuntergängen zugeschaut wie im Urlaub. Der Genuß steigt noch exponentiell, wenn alles drei gleichzeitig geschieht.

Reiseveranstalter bringen spätestens im Januar den Sommerkatalog und im August den Schnee- und Wintersonnenkatalog heraus. Der Reisegenuß muß so früh gebucht werden, damit sich alle Überraschungen rechtzeitig planen lassen.

Für reiselustige Leser bieten wir hier ein achttägiges Fly&Drive-Arrangement auf die prächtige Halbinsel GENUSS. Bei Ankunft auf dem Flughafen FREUDE steht ein Seat Marbella für Sie parat. Hiermit fahren Sie zu Ihrer ersten Übernachtung in BESTAUNEN, von wo aus Sie am zweiten Tag von einem STAUNEN in das nächste fallen. Vom dritten bis zum fünften Tag residieren Sie in einem erstklassigen Dreisternehotel, um die LANGEN SOMMERABENDE zu genießen. Sie können interessante Ausflüge zum KÜHLEN BLONDEN oder in das authentische HEISS unternehmen. Unsere freundliche Hosteß wird Ihnen dort gern zu Diensten sein/zeigen, wo es lang geht. Am sechsten Tag besuchen Sie GUTE FREUNDE, wo die Zeit still zu stehen scheint, und fahren weiter zum MEER DES ÜBERFLUSSES. Am siebten Tag machen Sie sich auf den Weg zur sonnenüberfluteten BUCHT DER ZUFRIEDENHEIT. Unterwegs können Sport- bzw. Naturinteressierte ihr Herz in WANDERUNG und STROMERN erquicken. Am letzten Tag beginnen Sie in aller Ruhe mit der Rückkehr, nachdem Sie im populären HEIMWEH Souvenirs und Geschenke für die Daheimgebliebenen gekauft haben.

Der griechische Philosoph Epikur (4. Jh. v. Chr.) war ein großer Verfechter des Genusses. In seinem 'Garten' umgab er sich mit Männern und Frauen aller Ränge und Stände, um uneingeschränkt Gelegenheit zu haben, mit ihnen den Genuß zu pflegen und hierüber philosophische Gedanken auszutauschen. Sein Fazit: Jede Form des Genusses ist gut, solange man Maß hält: eine Mahlzeit, einfach und doch nahrhaft, eine Affäre, aber mit Anstand, Trinken, jedoch nicht bis zum Exzeß. 'Man kann nicht genießen, wenn man nicht auch vernünftig lebt, und man lebt nicht vernünftig, wenn man nicht genießt.' Epikur betrachtete die Freundschaft als die höchste aller Tugenden. Er achtete und betrieb ihre geschliffene geistige Erhöhung als die goldene Mitte zwischen Leidenschaft und Gleichgültigkeit.

Während der gemäßigte Epikur von seinen Feinden als verfressener, versoffener Wüstling geschmäht wurde, d.h. als dem Genuß verfallender Hedonist par excellence, blieb der wahre Meister aller Hedonisten, der noch ältere griechische Philosoph Aristippos, Zeit seines Lebens im Schatten. Seinen Meistertitel verdient Aristippos nicht etwa, weil er ein aggressiver, saufender Fettwanst gewesen wäre, sondern weil er den Genuß des Moments für wertvoller hielt als den eines langen Lebens, und weil er körperlichen

Genuß über den geistigen stellte. Allerdings warnte er auch, man dürfe sich nicht zu eng mit dem Genuß und seinem Überbringer (oder seiner Überbringerin) verbinden. Abhängigkeit mache verletzlich, denn wenn uns entgehe, worauf wir erpicht seien, gerieten wir eben in den Sturm des Schmerzes, und das wollten wir doch eigentlich vermeiden.

Aristippos hätte heutzutage viele Jünger. In unserer Zapp-Kultur jagen wir dem körperlichen und Sofortgenuß in vielerlei Formen nach. Nicht nur beim Fernsehen schalten wir stets weiter zur spektakulärsten Sendung – auch im täglichen Leben zappen wir uns von Genuß zu Genuß. Wo gibt es heute abend die heißeste Party, das beste Essen, mit wem kann ich mich heute am besten unterhalten, lachen, Sport treiben oder lieben? Solange wir dabei an nichts und niemandem hängenbleiben, ist Genuß garantiert, und das ist das wichtigste.

Wer die Warnungen des Aristippos in den Wind schlägt, bleibt oft schon in jungen Jahren an den echten – der Name sagt es – Genußmitteln hängen: Alkohol, Tabak, Drogen. Die werden dann so intensiv genossen, daß wir sie nicht mehr missen wollen. Sagen wir zumindest. Den einzigen Schmerz fühlen wir in unserem Portemonnaie. Aber dennoch beschließen wir heimlich in der Neujahrsnacht, Punkt Mitternacht, unter viel Mühe und Schmerzen von unserer Sucht loszukommen. Und wir schämen uns, wenn es uns nicht gelingt.

> 'Warum trinkst du?' fragte der Kleine Prinz.
> 'Um zu vergessen.'
> 'Um zu vergessen?'
> 'Um zu vergessen, daß ich mich schäme.'
> 'Und weswegen schämst du dich?'
> 'Ich schäme mich dafür, daß ich trinke'. [1]

Daß wir trotz Urlaubs-, Sinnes- und Zapp-Genuß im übrigen doch eigentlich recht freudlos durch das Leben gehen, liegt an unserer gestreßten Lebensführung und dem Überangebot an Sofortgenuß. Wir sind viel zu beschäftigt, um noch die einfachen Dinge des Lebens genießen zu können.

In *Feuer im Bauch* macht Sam Keen einige Vorschläge für hart arbeitende, aber freudlose Männer, um 'ihre schnell abstumpfenden Sinne wieder zum Leben zu erwecken':

> Vögel beobachten, mit Kindern reden, Freunde besuchen, ein Festessen vorbereiten, lieben, im Garten arbeiten, auf der Straße Fußball spielen, Musik hören, lesen, wandern, still sitzen und nichts tun. [2]

Freudlose Frauen können die Vorbereitung des Festessens aus der Liste streichen und den Straßenfußball durch einen Besuch im Sonnenstudio ersetzen.

Wenn Sie in der letzten Woche nichts von alledem getan haben (mit Wandern meine ich nicht, den Hund auszuführen; Lesen heißt nicht, Urlaubskataloge oder Fernsehzeitschriften durchzublättern; und Lieben zählt nur, wenn es nicht nach fünf Minuten schon vorbei war), steht eines fest: Sie gönnen sich zu wenig Genuß.

1 Antoine de Saint-Exupéry, Der kleine Prinz (1946). Düsseldorf 1998, S. 33
2 Sam Keen, Feuer im Bauch. Über das Mannsein. Bergisch-Gladbach 1993

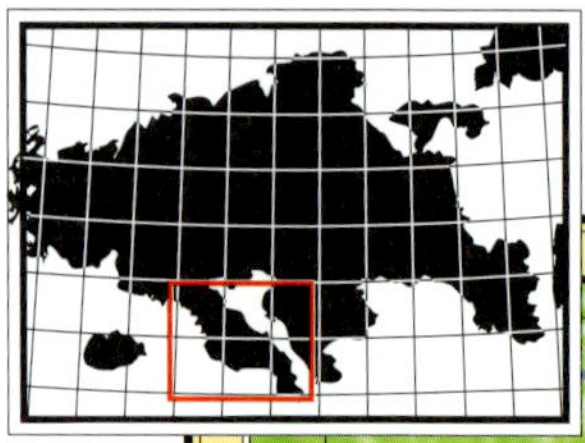

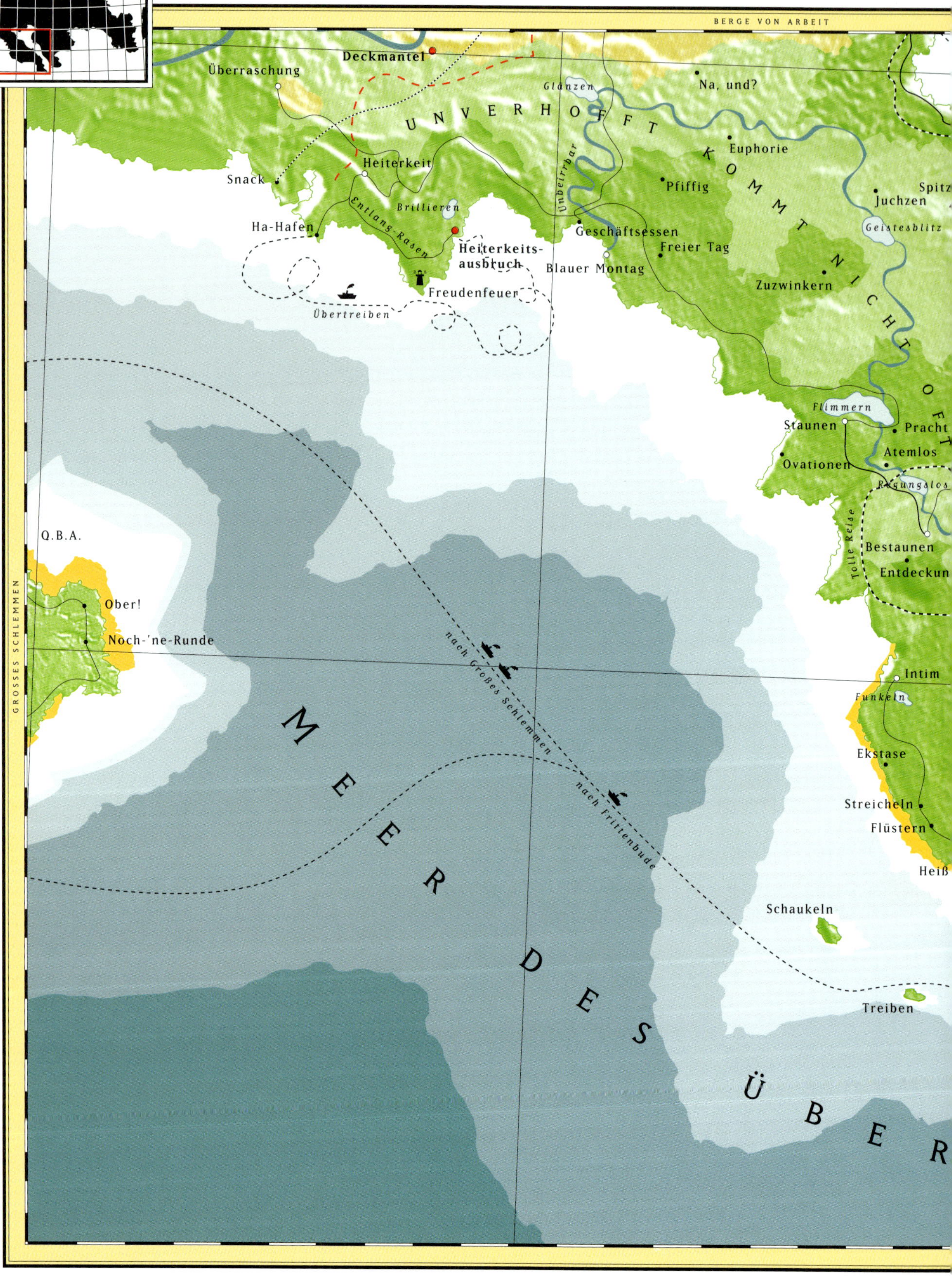

s 78

MASSSTAB 50 100 150

Neid
Scheeler Blick
Dekadenz
DAMALS
Hege & Pflege
Fotos
Rituale
Steckenpferd
Ruhesitz
Umweg
Nachhinein
EINST
HERBSTWALD
Mulch
iesenkuchen
FREUDE
burtstag
Opernglas
BUCHT DER ZUFRIEDENHEIT
Kneippsee
Hoch-Vergnügen
Gewaltig
Freitagmittag
Stieren
Vorbei
FREI
Tief-Seufzer
Gurren
Schäkern
Knistern
SOMMERTAGE
nach Genuß
VERGÄNGLICHKEIT
Wanderung
Lärche
Gutwetter
Dösen
Lerche
Lieberlangertag
STROMERN
Alez, Hopp!
Kaffeekränzchen
Sonntags
Spazierweg
Picknick
Schlager von einst
Flügel
Top-Hit
Hopsen
Halltunnel
Immer
Springen
Wiedererleben
Wanderweg
LANGE SOMMERABENDE
Schnuppern
BLUMENMEER
Reliquie
Honig
Erlebnis
Bisderarztkommt
Souvenir
Gute Freunde
Grandios
Löffelchen
Abpumpen
Ferien
Laue Brise
Kühles Blondes
Meckermann
Schielen
Aberhallo
Hmm!
STREUNEN
HEIMWEH
Strandball
Rückkehr
Wilder Entschluß
Tagträume
FLUSSES
Aufmerksamkeit

In einem seiner Vorträge beschreibt William Jones, ein amerikanischer Philosoph des neunzehnten Jahrhunderts, wie er eine Woche in dem berühmten Chautauqua verbrachte, einem Erholungsort im Bundesstaat New York.

> In dem Moment, in dem Sie diesen heiligen Boden betreten, spüren Sie den Geist des Erfolgs. Überall spüren Sie Bescheidenheit und Fleiß, Intelligenz und Güte, Ordnung und Vortrefflichkeit, Glück und Heiterkeit. Es ist ein seriöses und lehrreiches Picknick gigantischen Ausmaßes. Die Stadt hat viele Tausend Einwohner, liegt prächtig in einem Wald und bietet alles, um die zwingenden einfachen sowie die meisten der nicht zwingenden höheren Bedürfnisse des Menschen zu befriedigen. Es gibt eine erstklassige Schule. Es gibt prächtige Musik – ein siebenhundert Stimmen starker Chor, mit einem Freiluft-Auditorium, vielleicht dem besten der Welt. Es gibt alle möglichen Sportgelegenheiten. Von Segeln, Rudern, Schwimmen und Radfahren bis zu Sportplätzen und den verschiedenen Geräten in der Sporthalle. Es gibt vorbildliche Grundschulen. [...] Man verkehrt in der besten Gesellschaft und braucht sich um nichts zu bemühen. Es gibt keine ansteckenden Krankheiten, keine Armut, keine Trunksucht, kein Verbrechen und keine Polizei. Es herrschen Kultur und Freundlichkeit. Alles ist erschwinglich und man ist unter seinesgleichen. Hier findet man das Beste von allem, wonach die Menschheit im Namen der Zivilisation jahrhundertelange gestrebt hat und wofür sie gekämpft und geblutet hat. [1]

s 80

James begab sich aus Neugier für einen Tag in dieses Utopia, blieb dann aber eine Woche, 'verzaubert durch Charme und Leichtigkeit, die alles ausstrahlte, durch dieses Paradies der Mittelklasse ohne Sünde, ohne Opfer, unbefleckt und frei von Tränen.'

Als er Chautauqua verließ, entfuhr ihm zu seiner Überraschung ein Seufzer der Erleichterung. Plötzlich verlangte es ihn nach etwas Ursprünglichem und Primitivem, und sei es ein Blutbad, damit alles wieder ins Gleichgewicht käme.

> Gebt mir den Dschungel der großen Welt zurück mit all seinen Sünden und seinem Leid. Dort gibt es Höhen und Tiefen, Abgründe und hehre Ideale, das Glänzende und das Scheußliche und das Unendliche. Dort gibt es unendlich viel mehr Hoffnung und Hilfe als auf diesem Niveau des tödlichen Mittelmaßes. [2]

Wir brauchen Überraschungen und Herausforderungen, wollen intensiv und gefährdet leben und Blut, Schweiß und Tränen vergießen, um unsere Ziele zu erreichen. Haben wir Erfolg, halten wir uns damit nicht lange auf, sondern wenden uns wieder etwas Neuem zu. Wir wollen mit diesem Leben nicht fertig sein und nicht mehr wissen, was wir hier noch sollen, sondern wir jagen Erfolg und Reichtum nach, wollen unsere Möglichkeiten ausschöpfen, wachsen. Wir wollen glücklich werden, aber nicht bleiben.

Wir wollen, umgeben von Gut und Böse, einem Chautauqua oder anderen irdischen Paradiesen zustreben können. Großartig und hinreißend soll unser Leben sein, voller hoher Ideale und Erwartungen. Dies erfüllt unser Sein mit Sinn. Doch je großartiger und abgehobener, desto krasser ist die Diskrepanz zu unserem tagtäglichen Leben. Unsere Begeisterung verkommt zu Schinderei, und unsere Tage verlieren jeglichen Glanz. Wir werden zu Schlafwandlern, die nach irgendwo unterwegs sind.

Als Kind lohnte sich jeder Tag. Jeder neue Tag brachte Überraschung und Entzücken mit sich ob dessen, was wir erlebten. Stück für Stück entdeckten wir die Welt, die sich unserer Erkundung öffnete. Nicht so sehr die Welt war neu, sondern Aufmerksamkeit und Intensität unseres Erlebens. Für ein Kind können die gleichen Dinge immer wieder neu sein. Die Wolken, der eigene Schatten, das Gewitter und der Marienkäfer auf der Hand sind für ein Kind immer wieder eine neue Entdeckung.

Mit zunehmendem Alter richten wir uns nicht mehr auf das Hier und Jetzt, sondern auf entfernte Ziele, nach denen wir streben. Das Bestaunen des Alltäglichen hört auf. Wir kennen schon alles. Das Lächeln eines Fremden, die allgegenwärtige Sonne oder die Mechanik einer Wäscheklammer haben ihre Faszination verloren. Nur wenn uns jemand auf diese Dinge anspricht (wie jetzt), denken wir kurz an sie. Allenfalls stärkere Reize wirken etwas länger nach: Verliebtsein, die erste Fahrstunde, ein schönes Musikstück oder Gedicht, ein unerwartetes Geschenk oder die erste Pflaumenblüte. Dann fühlen wir uns wieder als Kind.

> Ein Asket saß meditierend in einer Höhle. Da huschte in eine Maus herein und knabberte an seiner Sandale. Der Asket öffnete verärgert seine Augen: 'Warum störst du mich in meiner Andacht!'
> 'Ich habe Hunger', piepste die Maus.
> 'Geh weg, törichte Maus', predigte der Asket, 'ich suche die Einheit mit Gott, wie kannst du mich dabei stören!'
> 'Wie willst du dich mit Gott vereinigen', fragte da die Maus, 'wenn du nicht einmal mit mir einig wirst?' [3]

Auf der Suche nach einer Orchidee übersehen wir das Gänseblümchen, weil wir meinen, daß uns dies bei unserer Suche nichts nützt. Wenn wir Gott suchen, ignorieren wir die hungrige Maus, denn die kann uns doch sowieso nicht helfen. Wir sind so sehr daran gewöhnt, unsere Aufmerksamkeit in die Ferne zu richten, auf das Neue, Großartige, Kostbare, daß das Normale und Selbstverständliche uns entgeht und wir seinen Wert daher nicht zu schätzen wissen.

Seien wir darum offen für das, was uns unterwegs begegnet. Nutzen wir die Chancen, die jeder Tag uns bietet. Richten wir unsere Aufmerksamkeit auf das, was uns ungefragt zufällt, egal, ob es sich um interessante Herausforderungen oder echte Katastrophen handelt. Wir merken dann, daß wir das ferne Ziel überhaupt nicht zu erreichen brauchen. Der Weg dorthin hat mehr Einfluß auf uns, als wir denken, er bringt unsere Entwicklung voran und verändert dadurch das Ziel.

Der Zen-Meister Ikkyu wurde einmal gebeten, einige der essentiellsten Weisheiten für ihn niederzuschreiben. Ikkyu schrieb nur ein Wort: Interesse. 'Könnten Sie vielleicht noch etwas mehr schreiben', ersuchte der Frager den Meister. Ikkyu schrieb: Interesse. Interesse. Der Mann war hiermit nicht zufrieden und meinte, daß er hierin wenig Weisheit erkennen könne, woraufhin Ikkyu schrieb: Interesse. Interesse. Interesse. 'Was meinen Sie eigentlich mit Interesse?' wollte der Mann ratlos wissen. 'Interesse bedeutet Interesse', lautete Ikkyus Antwort.

1 William James, What makes a life significant? (1896), in: Pragmatism and Other Essays. New York 1963, S. 270–288, hier: S. 272
2 Ebenda, S. 272f.
3 In: Thorwald Dethlefsen/Rüdiger Dahlke, Krankheit als Weg. München 1983, S. 80

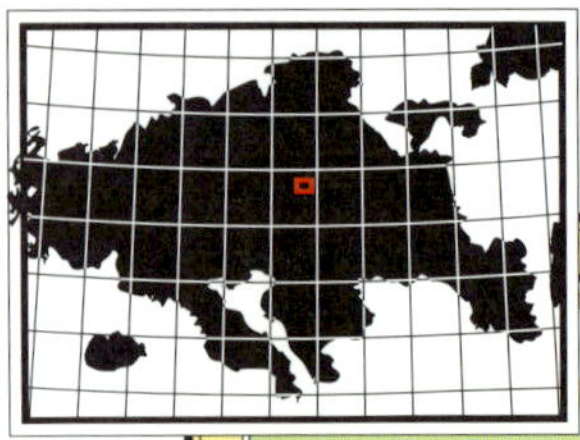

W A N D E L

MASSSTAB
0,25 0,50 0,75 1

NACH CHAOS
SUMPF DER LANGEWEILE
KÄLTEWEG
GROSSER BRUDERWEG
PLATZ DES VERKEHRS-CHAOS
EINFLUSS
NEUBAU-GEBIET
PLATZ DER KLAGE
JUSTITIA
Gerüchtstraße
SYNTHESE
VERFAHREN
VOLLZUG
PROVOKATION
REFORMATIONSPLATZ (IM BAU)
MO(NU)MENT
DIALEKTIK
KONTEXT
Kursschwankungen
ANLEGER
Wirbel
RÄDERWERK
OMEN
ENTBEHRUNG
LEIDENSWEG
SCHLACHTHAUS
Lücken
WAGEN-AMT
GEWINNEN-AMT
Verunglücken
Glücken
GUTE-BESSERUNGS-STIFT
ANTITHESE
Gekräusel
LEICHENSCHAU-HAUS
WOHLBEFINDEN
Strudel
Langer Breit Fluß
BEERDIGUNGS-INSTITUT
FREIZEITGESELL-SCHAFTSPARK
Abfluß
Gefühl und Wellenschlag
FRIEDHOF
AUER-ELPLATZ
ENTBEHRUNG
GESCHICHTE ALS FARCE-RING
REVOLUTION
CHE
SCHMIEDE
GROSSER UMFORMER
PLATZ DES 33. AUGUST
THESE
EINFLUSS
SCHEIN-PARK
KLAGEPLATZ
SCHLECHTEREINFLUSS
STRÖMUNG
WIRBEL
AUFSCHWUNG
GEKRÄUSEL
ABSCHWUNG
STRUDEL
PROVOKATION
ENTROPISCHES MUSEUM
ZWISCHENSTATION
SUBVERSION
ZUG
WELLE
RHYTHMUS
SYNTHESE
WAGEN-AMT
ELFENBEINTURM
BÖRSE
GLÜCKEN
MUSEUM
SUIZID-TURM
WOHLBEFINDEN
KEHRTWENDE
MUSEUMSPARK
HERAUSFORDERUNG
GALAPAGOS
BEHARRUNGS-KRAFT
FREIZEITGESELLSCHAFTSPARK
LANGER BREIT-FLUSS
DARWIN
DURCHGANGS-STATION
BEERDIGUNGS-INSTITUT
GOULD
SAMSA
MÜLLHALDE
ANTITHESE
EVOLUTION

S 83

VERGÄNGLICHKEIT KARTE 20

Mein erstes graues Haar erschien
Heut' morgen deutlich mir im Spiegel.
Sag' nicht, daß ein Haar wenig ist,
Denn bald schon ist's mein ganzer Kopf.
Die grünen Berge erst kurz hinter mir,
Die gelbe Siegelschnur knapp im Besitz –
Ich wußte nicht, daß auf dem Kopf
Die Zeit so plötzlich mir entglitt. [1]

Dieses Gedicht von Bai Juyi (772–846) zeigt, daß schon im alten China die Angst vor der Vergänglichkeit tief saß. Im täglichen Leben wird unser körperlicher Verfall vor allem am Strand und im Spiegel evident. Mitleidlos werden wir mit unseren Rettungsringen, Hängebrüsten, Falten und anderen Anzeichen unserer Endlichkeit auf dieser Erde konfrontiert. Mit Unglauben und Neid starren wir auf die straffen Körper und die unerschöpfliche Energie der Jugend. Fotoalben werden hervorgekramt, um weitgehend desinteressierten Jüngeren unser einstiges Äußeres und unsere damaligen wilden Abenteuer unter Beweis zu stellen.

Wir zählen unsere lockeren Zähne, besuchen Schönheitsfarm und Fitneßcenter und schlucken tonnenweise Vitamine. Körper und Geist werden trainiert, kasteit und operativ auf Vordermann gebracht. Wir scheuen weder Kosten noch Mühe, um den Prozeß des Verfalls zu verlangsamen.

Im Kampf gegen die Vergänglichkeit werden auch alte und sehr alte Dinge und Ideen wieder hervorgeholt, um damit die Zeit anzuhalten oder zurückzudrehen. Wir nennen das Nostalgie. Marcel Proust, den der Verzehr eines Kekses dazu anregte, vierzehn Jahre seines Lebens darauf zu verwenden, in seinem siebenteiligen Romanzyklus *Auf der Suche nach der verlorenen Zeit* seine Jugend wieder heraufzubeschwören, war extrem nostalgisch. Menschen über vierzig, die gern Beatles hören und kein Klassentreffen auslassen, um phantastische Geschichten von damals zu erzählen (die jeder schon kennt), sind ebenso nostalgisch, haben aber weniger Zeit und Talent, dies kreativ umzusetzen.

Nostalgie ist nicht so schlimm, wohl aber Melancholie. Jeder weiß, daß unser Leben endlich ist, aber wir scheren uns hierum im Alltag recht wenig. Anders der Melancholiker – ihm ist sein tristes Los stets gegenwärtig. Dies betrübt ihn so, daß er seine Tage damit verbringt, sich nach dem Unmöglichen zu sehnen, der Ewigkeit. Früher, vor allem in der Romantik des 19. Jahrhunderts, gab es viele Melancholiker; es hatte sogar etwas für sich, traurig und melancholisch zu sein. Wir verdanken diesem Seelenzustand unzählige schöne Kunstwerke und zu Herzen gehende Musikstücke. Sehnsucht und Weltschmerz wurden als Begriffe hierfür geprägt. Heute nennt man es schlicht Depression.

Verfall und Endlichkeit sind jedenfalls unser Schicksal und immer präsent. Nichts und niemand kann ihnen entgehen. So ist es nun einmal. Aus Angst vor dem nicht zu stoppenden Untergang richten einige ihre Blicke tapfer auf das Ende, um der Menschheit ihre gesammelten Einsichten hierüber in einem großen Gesamtwerk zu unterbreiten. In letzter Instanz tun sie dies aus der einleuchtenden Motivation, daß dieses Werk dem Zahn der

Zeit wie ein Fels in der Brandung widerstehen möge. Die größte Angst des Menschen ist es schließlich, in Vergessenheit zu geraten.

Philosophen, Künstler, Autoren, Theologen: Alle, die das Leben betrachten, denken über dessen unvermeidliches Ende nach. Martin Heidegger meinte zum Beispiel, Vergänglichkeit gehöre zur Natur unserer Art. Ab unserer Geburt forme die Sterblichkeit einen Teil unseres Lebens. Da jeder Moment unseres Lebens davon durchdrungen sei, daß es der letzte sein könnte, drohen wir, so sagte er, jeden Moment wieder auf uns selbst zurückgeworfen zu werden.

Auch in der Poesie wurde viel über das Ende des Glücks und des Lebens selbst sinniert. Dichter sind Spezialisten auf dem Gebiet des menschlichen Verfalls. Sie schreiben Stapel um Stapel von Gedichten in der Hoffnung, daß zumindest ihre Verse der Vergänglichkeit entgehen.

Vergänglichkeit kann schön sein. Aber nicht für jeden. Als Freud mit einem jungen, bereits berühmten Dichter durch eine strahlende Sommerlandschaft ging, wurde die Freude des Dichters an der Schönheit um ihn her nachhaltig gestört. Der Gedanke, daß alle Schönheit zum Untergang verdammt ist, ließ ihm alles, was er liebte und bewunderte, ohne Wert erscheinen.

'Im Gegenteil, eine Wertsteigerung! Der Vergänglichkeitswert ist ein Seltenheitswert in der Zeit. Die Beschränkung in der Möglichkeit des Genusses erhöht dessen Kostbarkeit' [2], wendet Freud hiergegen ein.

Vergehen und Genuß – bilden sie nicht ein herrliches Paar?

1 In : J.-P. Rawie, Onmogelijk geluk. Amsterdam 1994, S. 49

2 Sigmund Freud, Vergänglichkeit (1915), in: Sigmund Freud, Studienausgabe, Frankfurt/Main 1969. Bd. X, S. 225–227, hier: S. 225

VERGÄNGLICHKEIT

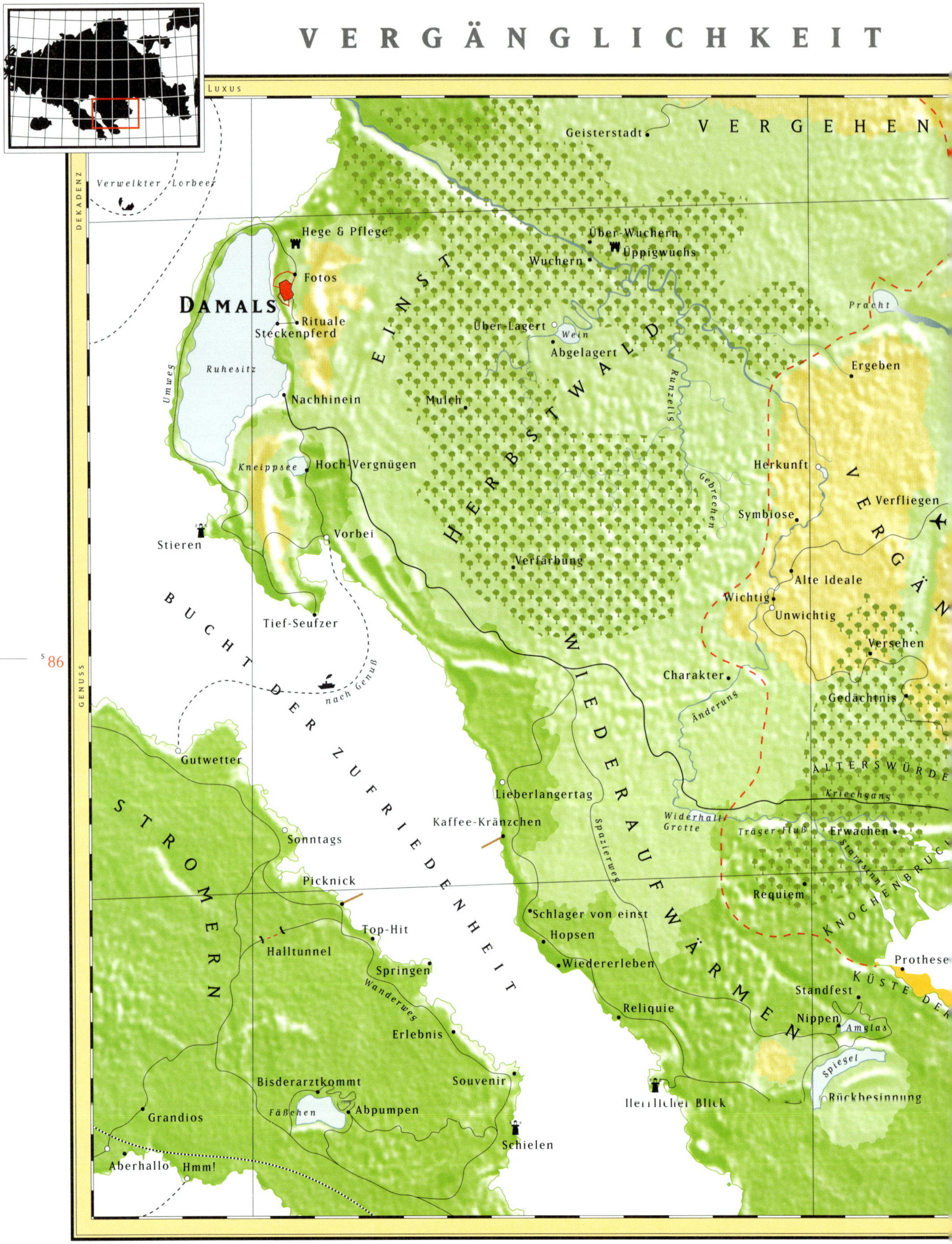

MASSSTAB 10 20 30 40 50

ENTBEHRUNG
Aufgeben
Fäulnis
SCHWERMUT
Grübelei
Unwiederbringlich
Transkontinentale Pipeline aus Sein und Versehen
Alte Geschichten
Starr
WEHMUT
Alter Fuchs
Klaps-Mühle
Klinik Dr. Brinkmann
Mürbe
Konservierung
Ohnmacht
Verfall
Verblassen
Scham
Anschein
VERBLÜHTE BLUMEN
Verschleiß
Einkehr
Pisa
Zahn der Zeit
Pflege Damm
Die Jahre
Bedauern
SILIKON VALLEY
Alte Wunden
Reue
Übertünchung
LICHKEIT
Schauspiel
Strahlen
Alte Liebe
Schönheit
Laufpaß
Ehrfurcht
Grauer Star
Nostalgie
Schmunzeln
Rückblick
Ende
Anfang
Grundfesten
SEEFTÜCHTIGKEIT
Lusitania
Seebestattung
Andrea Doria
Atlantis
MEER DER RUHE
Liebesbriefe
Krimskrams
Glückliche Reise
ERINNERUNGSSCHÄTZE
MUSCHELN
Flaschenpost

ANDERSWO

KARTE 21

Auf dem Globus der ERLEBNISWELTEN trennt eine namenlose Meerenge das Wintergebiet vom ANDERSWO. Wir könnten ANDERSWO schnell mit dem Flugzeug erreichen, indem wir von HIER nach DORT fliegen. Einen Rückflug gibt es jedoch nicht; wir müßten uns mit der wesentlich langsameren Fähre begnügen, wenn sie denn überhaupt führe. Von ANDERSWO ist nur ein schmaler, unwirtlicher Küstenstreifen sichtbar. Es bleibt uns verborgen, wie das übrige ANDERSWO aussieht, wie groß es ist und welche Meere oder Länder sich anschließen.

Es hilft wenig, die Bedeutung des Namens ANDERSWO zu analysieren – 'ein anderer Ort', 'nicht hier'. Erst wenn wir mittels der 'Lehre des wirklich Wahren', der Ethymologie, tiefer in den Namen eindringen, begreifen wir, worauf ANDERSWO wirklich verweist: 'das fremde Andere', 'der Jammer'. Lage und Bedeutung erzwingen den Schluß: ANDERSWO ist das große Unbekannte, das große Nichts, das Reich der Toten.

Obwohl laut Benjamin Franklin der Tod neben den Steuern das einzige Sichere im Leben ist, können wir unseren eigenen Tod nicht erfahren. 'Der Tod ist kein Ereignis des Lebens. Den Tod erlebt man nicht',[1] schreibt der Philosoph Ludwig Wittgenstein. 'Solange es uns gibt, gibt es den Tod noch nicht, und sobald der Tod existiert, existieren wir nicht mehr', sagt Epikur. Aber wo bleiben wir denn anschließend? 'Nirgendwo', hätte Epikur etwas zu überzeugt geantwortet, während Wittgenstein ohne Zweifel etwas in der Art murmeln würde, daß er es auch nicht wisse und deshalb lieber seinen Mund halte.

Der Tod ist das große Unbekannte, das große Nichts, und da Unbekanntes unbeliebt ist, ist auch der Tod nicht sonderlich populär. Das wäre kein Problem, könnten wir ihn uns auf Dauer vom Leibe halten, aber genau das gelingt uns nicht. Die Anwesenheit des Nicht-Seins im Sein, wie Heidegger das so elegant ausdrückt, hängt immer wie eine dunkle Wolke über uns. In jedem Moment laufen wir Gefahr, im Nichts unterzugehen. Nicht nur durch den Tod, sondern auch durch Isolation oder vollständige Entfremdung. Die hieraus resultierende existentielle Angst ist nicht ausschließlich von Nachteil. Im Gegenteil kann sie uns dazu bewegen, das Leben zu umarmen und in vollen Zügen zu genießen.

Bekannter als der Tod ist uns der Beinahe-Tod, den einige Menschen tatsächlich erlebt haben. Laut vielen Berichten scheint unser Tod so schrecklich nicht abzulaufen. Martha Todd, Dozentin für englische Literatur an einer amerikanischen Universität, erlitt bei einer Routine-Operation durch eine allergische Reaktion einen Herzstillstand.

> Ich merkte, daß ich zur Decke schwebte. Ich konnte alle am Tisch Anwesenden sehr deutlich sehen, einschließlich meines eigenen Körpers. Ich fand es komisch, daß sie sich um meinen Körper sorgten. Ich fühlte mich großartig und wollte sie dies wissen lassen, aber es gab keine Möglichkeit, es ihnen mitzuteilen. Es war, als ob ein Schleier oder Schirm mich von den anderen Menschen im Raum trennte.
>
> Ich bemerkte eine Öffnung, wenn man das so nennen kann. Sie erschien mir als ein tiefes, dunkles Loch, in das ich hineinflog. Ich hatte keine Ahnung, was mit mir passierte, aber es war sehr aufregend. Ich gelangte durch diesen Tunnel zu einem

Ort, der von weichem, hellem Licht und strahlender Liebe erfüllt war. Die Liebe umgab mich völlig und schien auch mein tiefstes Inneres zu durchdringen. Schließlich tauchten vor mir Ereignisse aus meinem Leben auf. Diese erschienen mir wie ein riesiges Panorama. Eigentlich läßt es sich nicht beschreiben. Bei mir in dem Licht waren andere Menschen – Menschen, die schon verstorben waren: ein Freund von der Universität, mein Großvater, eine Großtante und noch viele andere. Sie strahlten, sie waren glücklich. Ich wollte nicht zurück, aber aus dem Licht sagte ein Mann zu mir, ich müsse zurück, ich sei noch nicht fertig mit dem, was ich im Leben zu erledigen hätte. Schockartig kehrte ich in meinen Körper zurück. [2]

Von Menschen, die etwas länger im ANDERSWO verweilt haben als Mrs. Todd, hören wir, wie es dort aussieht. Obwohl es schwierig ist, dafür Worte zu finden, wird es allgemein beschrieben als eine herrliche, ländliche Gegend, manchmal mit prächtig gefärbten Vögeln, köstlichen Gerüchen, himmlischer Musik und verstorbenen bzw., vor allem bei Kindern, noch lebenden Freunden und Verwandten. [3]

Wer würde nicht gern, bezaubert von dieser Aussicht, das Zeitliche ein wenig vor der Zeit gegen die Ewigkeit eintauschen wollen? Trotzdem steht niemand Schlange, um sich dabei von einem unkonventionell denkenden Arzt behilflich sein zu lassen. Glauben wir also nicht wirklich an die Existenz des ANDERSWO und damit auch nicht an das Beinahe-ANDERSWO?

Jeder hat seine guten Gründe, hier auf Erden bleiben zu wollen. Der Sinn unseres Lebens ist das Streben nach dem Guten, dem Schönen und dem Wahren. Entdecken, wer wir sind. Das Paradies auf Erden schaffen. Unsere Pflicht tun. Gott dienen. Unserem Nächsten dienen. Unser Karma verwirklichen. Uns den Himmel verdienen. Das Göttliche in uns selbst entdecken. Unser Los geduldig ertragen, um es im nächsten Leben besser zu haben. Oder – genauso gerechtfertigt – ab und zu aufgehen in etwas, das größer ist als wir selbst: Politik, Karriere, eine Geliebte, Kinder bekommen, Bayern München. So viele Sinne, so viele Freuden.

In *Gott: Eine Biographie* folgert der ehemalige Jesuit Jack Miles, der Tanach, das Alte Testament – allerdings in der ursprünglichen, jüdischen Abfolge – mache deutlich, daß Gott den Menschen schuf, um durch dessen Erlebnisse sich selbst immer besser kennenlernen zu können. Da jedes unserer Erlebnisse streng genommen einzigartig ist, läge der Sinn unseres Lebens also darin, soviel Verschiedenes wie möglich zu erleben, damit Gott hierdurch eine Art *Atlas der Erlebniswelten* bekommt.

Zunächst sollten wir uns aber vielleicht selbst besser kennenlernen, denn jeden Augenblick kann unser Sein in Nicht-Sein umschlagen. Möglicherweise sollten wir hierzu untersuchen, ob unsere existentielle Angst vor ANDERSWO und Leere das Geheimnis ist, mit dem wir unsere Langeweile vertreiben und uns in Leidenschaft, Wissen, Berge von Arbeit und Genuß stürzen. Um dann schließlich gesund nach Hause zu kommen.

1 Ludwig Wittgenstein, Tractatus logico-philosophicus: Logisch-philosophische Abhandlung (1921). Frankfurt/Main 1963, S. 113, Nr. 6.4311
2 In: Raymond A. Moody/Paul Perry, Das Licht von drüben. Hamburg 1989
3 Avon Pailthorpe in: P. u. E. Fenwick, The Truth in the Light: An Investigation of over 300 Near-Death Experiences. London 1996, S. 111

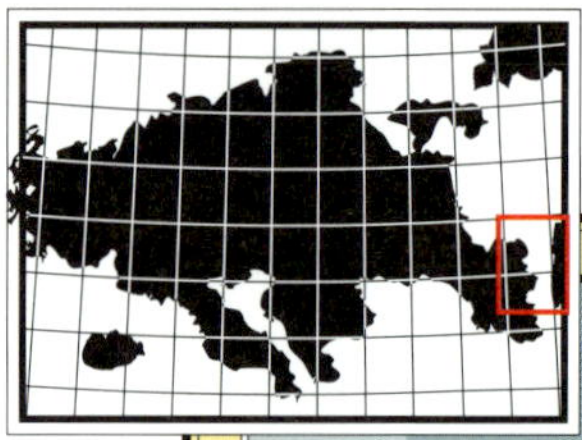

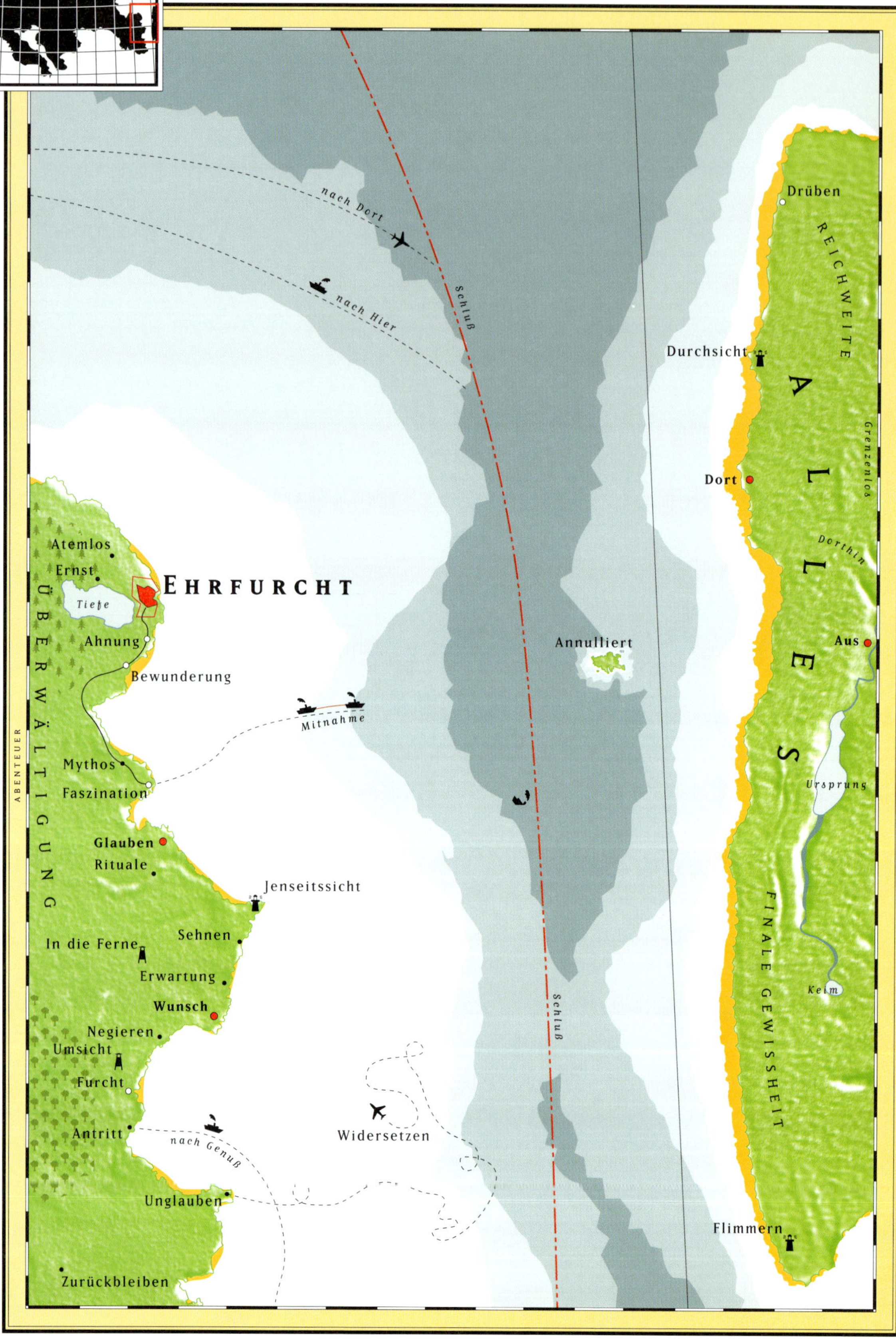

S 90

MASSSTAB
0

INDEX

A

Name	Art	Kartennummer	Seite
Abbruchviertel	Stadtteil	19	82
Abenteuer		**16**	**70, 71**
Abenteuer	Gebiet	16	70, 71
Aberglaube	Siedlung	3	24
Aberhallo	Siedlung	18	79
Aberhallo	Siedlung	20	86
Abfahrtszeit	Siedlung	9	48
Abfluß	Kanal	19	83
Abfuhr	Fluß	15	67
Abgehärtet	Siedlung	16	71
Abgehoben	Flugplatz	10	51
Abgelagert	Siedlung	20	86
Abgründe	Gebiet	14	65
Abgründe der Seele	Siedlung	1	17
Abhängig	Dorf	3	25
Abhängig	Dorf	10	51
Abknutschen	Siedlung	4	28
Abkupfern	Leuchtturm	8	44
Ablassen	Vulkan	7	40
Abpumpen	Siedlung	18	79
Abpumpen	Siedlung	20	86
Abrackern	Siedlung	11	55
Abscheu	Siedlung	10	51
Abschied	Dorf	10	51
Abschied	Dorf	4	29
Abschließend	Siedlung	5	33
Abschweifen	Siedlung	2	21
Ab-Seen	See	3	25
Absicht	Siedlung	3	25
Absoluter Nullpunkt	Gipfel	7	41
Absonderung	Gut/Burg	2	21
Abstoßen	Straße	19	83
Abtauchen	U-Boot	3	24
Abtauchen	Siedlung	11	54
Abtreiben	See	3	24
Abwasch	See	4	29
Abwaschen	Siedlung	17	74
Abwesend	Siedlung	13	60
Abwesend	Kreisstraße	6	37
Abzockerei	Dorf	15	67
Adam Riese	Siedlung	2	21
Aderlaß	Straße	19	82
Adrenalin	See	16	71
Adrenalinstoß	Fluß	16	71
Affäre	Siedlung	10	51
Äh...	Siedlung	9	48
Aha!	Leuchtturm	9	48
Aha...ja...	Siedlung	5	33
Ahnung	Dorf	16	70
Ahnung	Dorf	21	90
Aktennotiz	Siedlung	11	54
Alarmzeichen	Leuchtturm	6	36
Alles	Gebiet	21	90
Alez, Hopp!	Siedlung	18	79
Allmählich	Fluß	10	51
Als nächstes	Siedlung	5	33
Alte Geschichten	Siedlung	20	87
Alte Kamellen	Siedlung	4	28
Alte Liebe	Siedlung	20	87
Alte Wunden	Siedlung	20	87
Alte Ideale	Siedlung	20	86
Alter Fuchs	Siedlung	20	87
Alterswürde	Gebiet	20	86, 87
Am Schnürchen	Gebiet	11	55
Amglas	See	20	86
Amsel	Dorf	13	61
Amundsen	Siedlung	16	71
An der Seitenlinie	Siedlung	5	32
Analyse	Ruine	2	20
Anarchie	Dorf	15	67
Anbahnen	Bahnlinie	3	24, 25
Anbahnen	Bahnlinie	12	57
Andächtig	Dorf	18	79
Anders-Sein	Gebäude	19	82
Anderswo		**21**	**90**
Änderung	Fluß	20	86
Andrea Doria	Wrack	20	87
Anfall	Siedlung	6	36
Anfang	Siedlung	20	87
Anflug	Flugplatz	8	44
Angst	Dorf	7	40
Angst	Dorf	8	45
Angst	Stadt	16	70
Angst und Beben	Nadelwald	14	65
Angstschweiß	See	14	65
Anleger	Gebäude	19	83
Anmerkung	Siedlung	5	33
Annahme	Dorf	3	24
Annulliert	Insel	21	90
Anpassung	Gebäude	19	82
Anreiz	Dorf	10	51
Anreiz	Siedlung	12	57
Anruf	Siedlung	11	54
Anschauen	Siedlung	5	33
Anschein	Leuchtturm	20	87
Anschnauzen	Dorf	4	28
Ansehen	Leuchtturm	6	36
Ansicht	Dorf	2	21
Ansicht	Dorf	3	24
Anspornen	Gebiet	12	57
Ansteckung	Dorf	6	36
Anstieg	Dorf	14	65
Anstrengen	Kreisstraße	12	56
Antipasta	Dorf	17	75
Antithese	Stadtteil	19	83
Antrag	Dorf	10	51
Antritt	Dorf	7	40
Antritt	Siedlung	21	90
Anwandlung	Weiher	19	82
Anzeichen	Dorf	6	37
Anzeichen	Dorf	7	40
Apathie	Siedlung	5	32
Aperitif	Dorf	17	74
Apfelbäckchen	Siedlung	6	37
Apokalypse	Siedlung	14	64
Appetithappen	Siedlung	17	74
Archipel der Legenden	Archipel	16	71
Archiv	Dorf	1	17
Area 55	Industrie	1	17
Argumente	Siedlung	11	54
Armageddon	Dorf	14	64
Aroma	Industrie	17	74
Askese	Weiler	13	60
Assoziation	Siedlung	2	20
Assoziation	Stadt	8	45
Atemlos	Siedlung	18	78
Atemlos	Siedlung	21	90
Atlantis	Insel	20	87
Attila	Siedlung	14	65
Auf den Hund gekommen	Gebiet	3	24
Auf den Kopf	Siedlung	5	32
Auf den Spuren	Kreisstraße	16	71
Auf der Höhe	Gipfel	2	21
Auf der Zunge	Siedlung	9	48
Auf hohem Niveau	Gut/Burg	2	20
Aufeinneues	Dorf	11	55
Aufenthalt	Dorf	11	55
Aufgaben	Siedlung	11	54
Aufgeben	Siedlung	11	55
Aufgeben	Siedlung	20	86
Aufgegebene Straße	Landstraße	19	82
Aufgelaufen	Wrack	3	25
Aufgerührt	See	3	24
Aufgewärmtes	Archipel	17	74
Auflösung	See	8	45
Aufmerksamkeit	Siedlung	11	54
Auf-Raffen	Siedlung	16	71
Aufregen	Siedlung	6	36
Aufregend	See	8	44
Aufregend	See	10	51
Aufruf	Siedlung	5	33
Aufscheuchen	Gebiet	12	57
Aufschieben	Siedlung	3	25
Aufschrei	Dorf	14	64
Aufsehen	Aussichtsturm	3	24
Aufstossen	Gebiet	17	74
Aufwachen	Dorf	6	37
Aufzeichnungen	Siedlung	8	45
Augiasstall	Siedlung	15	67
Aus	Dorf	21	90
Ausbeutung	Stadtteil	12	57
Ausbreitung	Industrie	12	57
Ausbruch	Vulkan	6	36
Ausbruch	Siedlung	14	65
Ausbruch	Vulkan	16	71
Ausbrüten	Insel	6	36
Ausdauer	Siedlung	11	55
Ausdauer	Kreisstraße	13	60, 61
Ausflüchte	Flughafen	11	54
Ausfuhr	Stadt	8	45
Ausfuhr	Stadt	10	51
Ausfuhr	Stadt	12	56
Ausgang	Stadtteil	19	82
Ausgestalten	Siedlung	8	45
Ausgetretener Pfad	Kreisstraße	5	32
Auslese	Siedlung	17	75
Ausrasten	Stadt	11	54
Ausreden	Siedlung	11	55
Ausschau	Leuchtturm	5	33
Ausschlafen	Dorf	4	28
Ausschweifung	Vulkan	8	45
Aussehen	Aussichtsturm	3	25
Außer Sinnen	Gebiet	6	37
Außer-Atem	Gebiet	7	40
Aussicht	Aussichtsturm	16	70
Aussichten	Aussichtsturm	11	54
Aussichtslosigkeit	Aussichtsturm	5	32
Ausweichen	Siedlung	3	25
Auszug	Bahnlinie	2	20
Autopilot	Flugplatz	5	32
Auweia!	Siedlung	17	74

B

Name	Art	Kartennummer	Seite
B.-Schluß-Weg	Straße	19	82
B.-Stechen	Gebiet	15	67
Babel	Siedlung	15	67
Bad Reihenhäuschen	Dorf	5	32
Badewanne	See	4	28
Bald	Grenze	12	57
Bald	Siedlung	3	25
Balgen	Landstraße	3	25
Bauchwölbung	Gebiet	17	74
Beachtung	Dorf	6	36
Bedauern	See	20	87
Bedingungslos	Dorf	10	51
Beerdigungsinstitut	Gebäude	19	83
Befehle	Lärm	15	67
Begierde	Siedlung	10	51
Begreifen	Siedlung	2	21
Begrüßung	Dorf	4	29
Begrüßung	Siedlung	5	33
Beharrungskraft	Industrie	19	82
Beherrschung	Vulkan	16	71
Beichte	Siedlung	3	24
Beigeschmack	Fluß	17	74
Beinehoch	Siedlung	4	29
Beispiellos	Siedlung	2	20
Beißender Spott	Siedlung	7	41
Bekannt	Siedlung	16	71
Bekehrung	Straße	19	82
Beklemmung	Brücke	14	65
Beklemmung	Gebiet	7	40
Belohnung	Siedlung	11	55
Bemerken	Siedlung	8	45
Beobachtung	Aussichtsturm	8	45
Beratschlagen	Dorf	3	24
Beredsamkeit	Fluß	8	45
Bereinigung	Industrie	3	25
Berge von Arbeit		**11**	**54, 55**
Berge von Arbeit	Gebirge	11	55
Berge von Arbeit	Gebirge	13	60, 61
Bergfest	Siedlung	11	55
Besänftigung	Siedlung	7	40
Besessenheit	Siedlung	10	51
Besser	Siedlung	11	55
Bestand	Stadtteil	10	51
Bestand	Stadtteil	11	54
Bestand	Stadtteil	12	57
Bestaunen	Dorf	18	78
Bestreben	Siedlung	11	54
Besuch	Dorf	4	29
Besucher	Siedlung	6	36
Betrachtung	Siedlung	2	20
Betrachtung	Aussichtsturm	3	24
Betrachtung	Siedlung	8	44
Betütteln	Siedlung	6	36
Beunruhigung	Dorf	6	36
Bewegen	See	8	45
Bewegt	Siedlung	10	51
Bewunderung	Dorf	21	90
Bewußtsein	Fluß	3	24
Bibbern	Siedlung	7	41
Biegen	See	7	41
Bierher!	Siedlung	17	74
Bis zum Äußersten	Siedlung	16	71
Bisderarztkommt	Siedlung	18	79
Bisderarztkommt	Siedlung	20	86
Bissig	Gipfel	7	41
Black-out-Kanal	Meeresstraße	9	48
Blasser Schimmer	Siedlung	3	25
Blauer Fleck	Dorf	14	65
Blauer Montag	Siedlung	18	78
Blaulicht	Leuchtturm	6	36
Bleich	See	6	36
Blick über die Schulter	Aussichtsturm	3	24
Blicke	Aussichtsturm	10	51
Blinde Panik	Aussichtsturm	15	67
Blühen	Leuchtturm	6	37
Blumenmeer	Gebiet	18	79
Blüte	Stadt	8	45
Blüte	Stadt	10	51
Boden	See	3	25
Boden	See	4	28
Böhmischer Gefreiter	Siedlung	14	65
Börse	Gebäude	19	82
Böse Zungen	Fluß	7	40
Bouillabaisse	Fluß	17	75
Boulevard der Melancholie	Straße	19	82
Brainstorming	Gebiet	2	21
Brandherd	Gebäude	19	82
Brauchnicht-Meer	See	14	65
Brauerei Unzufriedenheit	Park	19	82
Brav	Siedlung	3	25
Brechen	See	7	41
Bresche	Kreisstraße	2	20, 21
Brillieren	See	18	78
Broiler	Dorf	17	74
Brosamen	Ruine	15	67
Brot	Siedlung	7	40
Bruch	Insel	20	86, 87
Bruch	Siedlung	15	67
Bucht der Weisheit	Bucht	2	21
Bucht der Zufriedenheit	Bucht	18	79
Bucht der Zufriedenheit	Bucht	20	86
Bucht des Neides	Bucht	7	40
Bügeleisen	Siedlung	9	48
Büro	Dorf	5	32
Bürokratie	Dorf	15	67
Bushaltestelle	Siedlung	5	32
Büßen	Siedlung	3	24
Butter	Siedlung	7	40
B-Zug	Bahnlinie	2	20

C

Name	Art	Kartennummer	Seite
Calzone	Siedlung	17	75
Campingplatz	Dorf	15	67
Caritas	Bucht	6	36
Carl-von-Linné-Straße	Straße	19	82
Chancen	Fluß	10	51
Chancen	Fluß	11	54
Chancen	Fluß	12	57
Chancen	Grab	4	28
Chaos		**15**	**67**
Chaos-Straße	Straße	19	82
Charakter	Siedlung	20	86
Charme	Siedlung	3	25
Chateau Migraine	Gut/Burg	17	75
Che	Platz	19	82
Checkpoint Alpha	Gebäude	19	82
Cheeseburg	Siedlung	17	74
Cholesterin	Gebiet	17	74
Cirrusgasse	Straße	19	82
Code	Siedlung	1	17
Cognac	Dorf	17	74
Columbus	Siedlung	16	71
Crash	Dorf	15	67
Curriewurst	Siedlung	17	74

D

Name	Art	Kartennummer	Seite
d.h.	Siedlung	5	33
Daher...	Siedlung	5	33
Damals	Stadt	18	79
Damals	Stadt	20	86
Damit kommen wir zu...	Siedlung	5	33
Dampf	See	7	40
Dann...	Siedlung	5	33
Darwin-Allee	Straße	19	82
Das Böse	Dorf	3	24
Das erste Mal	Wäldchen	3	25
Das erste Mal	Wäldchen	4	28
Das Gute	Dorf	3	25
Das nackte Leben	Gebiet	14	65
Das wahre Leben	Gebiet	4	28
Deckmantel	Siedlung	3	24
Deckmantel	Dorf	11	54
Deckmantel	Dorf	18	78
Deckung!	Siedlung	2	20
Degu-Station	Dorf	17	74
Dein	Dorf	15	67
Dekadenz	Fähre	11	55
Dekadenz	Fähre	18	79
Delegieren	Siedlung	11	54
Delirium	Siedlung	6	37
Demnächst	Grenze	12	57
Demütigung	Gebiet	14	65
Der Fliegende Holländer	Fähre	16	71
Genuß		**18**	**78, 79**
Der Hammer	Siedlung	14	65
Desillusionierung	Siedlung	3	25
Desolat	Gebiet	13	61
Desorganisation	Gebiet	15	67
Dessert	Dorf	17	74
Detail	Siedlung	5	33
Dialektik	Schnellstraße	19	83
Dicke Havannas	Industrie	17	74
Die andere Seite	Leuchtturm	8	44
Die eine Seite	Dorf	8	44
Die Höhe	Gipfel	7	41
Die Jahre	Dorf	20	87
Dienst nach Vorschrift	Siedlung	11	54
Dienstfahrten	Schnellstraße	11	54
Dienstweg	Landstraße	19	82
Diffamierung	Siedlung	7	41
Dingens	Insel	9	48
Dingenskirchen	Siedlung	9	48
Diskretion	Siedlung	3	25
Döner	Dorf	17	74
Dort	Dorf	21	90
Dorthin	Fluß	21	90

NAME	ART	KARTENNUMMER	SEITE
Dösen	Siedlung	18	79
Dr. Jekyll	Industrie	16	71
Dr. Mabuse	Industrie	16	71
Dr. No	Industrie	16	71
Drama	Dorf	14	64
Dreckschleuder	Fluß	7	41
Drosophila-Gasse	Straße	19	82
Drüben	Dorf	21	90
Druck	Siedlung	11	54
Duden	Siedlung	2	21
Düfte	Dorf	8	45
Dünkel	Dorf	3	24
Durch	See	4	29
Durch	See	5	32
Durchblick	Leuchtturm	2	21
Durchblick	Leuchtturm	3	24
Durchgangsstation	Bahnhof	19	82
Durchweicht	Siedlung	16	70
Durchhalten	Siedlung	6	37
Durchhalten	Siedlung	7	40
Durchleuchten	Leuchtturm	2	20
Durchschauen	Aussichtsturm	3	24
Durchscheinen	See	8	45
Durchsicht	Leuchtturm	21	90
Durchzug	Straße	19	82
Durst-Löscher	See	6	36
Durst-Strecke	Laubwald	11	54, 55
Duseln	Siedlung	6	36

E

NAME	ART	KARTENNUMMER	SEITE
E	Siedlung	5	33
Ebene der Einsamkeit	Gebiet	11	54
Ebene der Einsamkeit	Gebiet	13	60
Ehrfurcht	Dorf	20	87
Ehrfurcht	Stadt	16	70
Ehrfurcht	Stadt	21	90
Ehrgeiz	Stadtteil	11	54
Ehrgeiz	Industrie	12	57
Ehrgeiz	Stadt	12	57
Eifersucht	Dorf	8	44
Eifersucht	Dorf	10	51
Ein Wille	Landstraße	11	55
Einbahnstraße	Landstraße	14	64
Einbildung	Siedlung	2	20
Einbildung	Siedlung	8	44
Eindruck	Gebiet	4	29
Einfälle	Stadtteil	19	82
Einfluß	Stadtteil	19	[illegible]
Einfluß	Stadt	8	45
Einfuhr	Stadt	10	51
Einfuhr	Stadt	11	56
Einfuhr	Stadt	12	56
Eingebung	Dorf	4	29
Eingebung	Siedlung	8	45
Eingebung	Flugplatz	9	48
Eingebungsallee	Straße	19	82
Eingefrorene Beziehungen	Insel	7	41
Eingriff	Dorf	6	36
Einheizen	Siedlung	7	41
Einkehr	Siedlung	20	87
Einlauf	Bucht	6	37
Einsame Spitze	Gipfel	11	54
Einsame Spitze	Gipfel	13	60
Einsicht	Dorf	7	40
Einsicht	Dorf	2	21
Einsicht	Dorf	3	24
Einst	Gebiet	18	79
Einst	Gebiet	20	86
Einstein	Insel	2	21
Ein Stern	Insel	17	75
Eis	Dorf	7	40
Eisbrecher	Schiff	7	40
Eisbruch	Dorf	7	40
Eiserne Miene	Siedlung	11	55
Eiserne Miene	Dorf	13	61
Eisiger Blick	Leuchtturm	7	41
Eisschmelze	Gebiet	7	40
Ekstase	Dorf	8	44
Ekstase	Dorf	10	51
Ekstase	Siedlung	16	71
Ekstase	Siedlung	18	78
Elemente	Siedlung	8	45
Elixier	See	6	36
Emotionen	Gebiet	4	28
Empfang	Dorf	5	33
Ende	Dorf	20	87
Endlich	Siedlung	11	55
Endomorphin	Industrie	14	65
Energie	Fluß	11	54
Entbehrung		**14**	**64, 65**
Entbehrung	Gebiet	15	67
Entdeckung	Siedlung	2	20
Entdeckung	Dorf	2	21
Entdeckung	Dorf	3	25
Entdeckung	Dorf	4	28
Entdeckung	Siedlung	18	78
Entfaltung	Dorf	8	45
Entfaltung	Siedlung	10	51
Entfaltung	Dorf	10	51
Entfaltung	Siedlung	12	56
Enthusiasmus	Dorf	10	51
Enthusiasmus	Siedlung	11	54
Entlang-Rasen	Landstraße	18	78
Entropisches Museum	Gebäude	19	82
Entscheidung	Siedlung	8	45
Entschluß	Dorf	3	25
Entsetzen	Siedlung	6	36
Entwicklung	Gebiet	12	57
Entwicklung	Siedlung	8	45
Entwurf	Siedlung	3	25
Erdrückend	Siedlung	4	29
Eremitage	Gut/Burg	13	60
Erfahrung	Siedlung	3	24
Erfolg	Stadt	11	54
Ergebnis	Dorf	2	20
Ergebung	Siedlung	20	87
Ergreifend	Siedlung	16	70
Ergriffenheit	Siedlung	8	45
Ergründen	Gebiet	2	20
Erkenntnis	Siedlung	2	20
Erlebnis	Siedlung	18	79
Erlebnis	Siedlung	20	86
Erleichterung	Siedlung	14	65
Erleuchtung	Leuchtturm	2	20
Erlösung	Straße	19	82
Ermessensspielraum	Gebiet	11	54
Ermitteln	Fluß	2	21
Ernst	Siedlung	21	90
Ernsthaft langweilige Zone	Gebiet	5	33
Ernte	Stadt	11	55
Erschöpfung	Dorf	11	55
Erschöpfung	Dorf	14	64
Erschrecken	Siedlung	8	45
Ersinnen	Dorf	2	21
Ersinnen	Dorf	8	45
Erwachen	Siedlung	20	86
Erwägungen	Gebiet	3	25
Erwärmen	See	7	40
Erwarten	Siedlung	10	51
Erwarten	Dorf	12	56
Erwartung	Siedlung	21	90
Eselsbrück	Dorf	9	49
Essenz	See	13	60
Euler	Wrack	2	21
Euphorie	Siedlung	18	78
Evolution	Stadtteil	14	64
Evolution	Stadtteil	19	82
Examen	Siedlung	9	49
Experiment	Siedlung	2	20
Explosion	Vulkan	16	71
Exporthafen	Dorf	12	56
Extrachance	Fluß	10	51
Extrachance	Fluß	11	54
Extrachance	Gebirge	12	57
Extrachance	Fluß	12	57
Extrem	Dorf	8	44

F

NAME	ART	KARTENNUMMER	SEITE
Fahren lassen	Schiff	7	40
Fakt	Dorf	2	20
Fall	Siedlung	3	25
Fall	Siedlung	6	36
Falsch angestellt	Kreisstraße	5	32
Fanfare	Siedlung	10	51
Farben	Gebiet	8	44
Faß	See	11	55
Fassade	Gut/Burg	11	55
Faßbier	Strand	17	74
Fäßchen	See	18	79
Fäßchen	See	20	86
Faszination	Dorf	16	70
Faszination	Dorf	21	90
Fäulnis	Fluß	20	87
Faxen	Dorf	11	54
Feixen	Siedlung	3	24
Fels in der Brandung	Siedlung	5	33
Fels in der Brandung	Strand	6	36
Felsenfest	Siedlung	3	24
Fermat	Wrack	2	21
Fermi	Wrack	2	21
Fertig mit der Welt	Brücke	6	37
Feststellung	Siedlung	2	20
Fettnapf	Gebiet	3	24
Fetzen	Gebiet	8	45
Feuchte Hände	Gut/Burg	14	65
Feuchte Umschläge	Siedlung	6	37
Feuer	Vulkan	8	44
Feuer	Vulkan	10	51
Feuerfest	Vulkan	16	71
Fieber	Dorf	6	37
Fieber	Dorf	7	40
Fiktion	Dorf	2	21
Finale Gewißheit	Gebiet	21	90
Finkenfeld	Park	19	82
Fischburg	Siedlung	17	74
Fischmarkt	Stadt	17	75
Fit	Dorf	6	37
Flaschenpost	Siedlung	20	87
Flaute	Bucht	6	37
Fleiß	Dorf	2	21
Fliegschusterei	Flugplatz	15	67
Flimmern	See	18	78
Flimmern	Leuchtturm	21	90
Flucht	Flugplatz	16	70
Flügel	Flugplatz	18	79
Flügellahm	Flugplatz	14	65
Flüstern	Siedlung	18	78
Folie 86	Siedlung	5	33
Folge	Fluß	8	45
Folglich	Siedlung	5	33
Fordern	Straße	19	82
Fort Alzheimer	Gut/Burg	9	48
Fotos	Siedlung	18	79
Fotos	Siedlung	20	86
Frei	Stadt	18	79
Freihafen	Bucht	12	56
Freier Lauf	Fluß	2	21
Freier Tag	Siedlung	18	78
Freiheit	Flugplatz	11	54
Freitag	Siedlung	16	71
Freitagmittag	Siedlung	3	25
Freitagmittag	Siedlung	4	28
Freitagmittag	Siedlung	18	79
Freizeitgesellschaftspark	Park	19	83
Freude	Stadt	11	55
Freude	Stadt	18	79
Freudenfeuer	Leuchtturm	18	78
Friedhof	Friedhof	19	83
Frittenbude	Stadt	17	74
Frösteln	Siedlung	7	40
Fruchtbarer Boden	Gebiet	8	45
Führen	Siedlung	7	40
Funkeln	See	18	78
Furcht	Dorf	21	90
Fusion	Siedlung	2	20

G

NAME	ART	KARTENNUMMER	SEITE
Gaffer	Siedlung	14	65
Gähnen	Siedlung	5	33
Galapagos-Straße	Straße	19	82
Gänsehaut	Siedlung	7	41
Gänseleber	Siedlung	17	74
Garni	Siedlung	17	74
Garten	Gebiet	3	25
Garten	Gebiet	4	28
Gast	Dorf	4	29
Gauß	Wrack	2	21
Geben	Gebiet	10	51
Geben	Gebiet	12	56
Geborgenheit	Dorf	4	29
Gebräu	Fluß	15	67
Gebrechen	Fluß	20	86
Geburt	Dorf	4	28
Geburtstag	Siedlung	9	49
Geburtstag	Dorf	18	79
Gedächtnis	Siedlung	20	86
Gedankenfluß	Fluß	2	20, 21
Gedankenfluß	Fluß	8	45
Gedankenfluß (Quell der Eingebung)		**8**	**44, 45**
Geduld	Siedlung	3	25
Geduld	Siedlung	4	28
Geduld	Dorf	5	33
Geduld	Dorf	6	37
Gefahr	Sumpf	16	71
Gefasel	Siedlung	2	20
Gefasel	Siedlung	8	44
Geflogen	Flugplatz	3	24
Gefühl- und Wellenschlag	Weiher	19	83
Gefühle	Gebiet	8	45
Gegen den Strom	Fluß	14	65
Gegenpole	Siedlung/Dorf	8	45
Gegeninformation	Platz	19	82
Gegenwind	Siedlung	6	36
Geglättete Wogen	See	7	40
Geheimnis		**1**	**18, 19**
Gehtnicht-Meer	See	14	64
Geisterstadt	Siedlung	20	86
Geistesblitzen	See	18	78
Gekräusel	Weiher	19	83
Gekühltes Mütchen	Siedlung	14	65
Gelber Schein	Siedlung	6	37
Gelegenheit	Dorf	3	25
Geliebte	Siedlung	8	45
Gemütlichkeit	Gebiet	4	29
Genie	Dorf	2	21
Gerädert	Ruine	6	36
Geratewohl	Siedlung	3	25
Gering	Gebiet	10	51
Geringschätzung	Siedlung	7	41
Gerücht	Siedlung	6	36
Gerüchtestraße	Straße	19	83
Geschäftsbericht	Gipfel	11	54
Geschäftsessen	Siedlung	11	54
Geschäftsessen	Siedlung	18	78
Geschichte	Stadt	8	45
Geschichte als Farce-Ring	U-Bahn	19	83
Geschmack	Dorf	8	44
Geschmack	Fluß	17	75
Gesichter	Siedlung	9	48
Gesundheit		**6**	**36, 37**
Gewaltig	Dorf	18	79
Gewinn	Stadtteil	11	54
Gewinn	Stadtteil	12	57
Gewinnen-Amt	Gebäude	19	83
Gewissen	Dorf	3	25
Gewohnheiten	Siedlung	5	32
Gewöhnung	Siedlung	3	24
Gipfel des Ärgers	Gebirge	15	67
Glänzen	See	18	78
Glatteis	See	7	40
Glaube	Stadt	3	24
Glauben	Dorf	21	90
Gleich	Dorf	4	29
Gleich	Dorf	3	25
Gleichgültigkeit	Dorf	7	41
Gleichnisse	Siedlung	8	44
Gletscher der Hartherzigkeit	Gebirge	14	65
Glück	Stadt	10	51
Glücken	Landstraße	19	83
Glückliche Reise	Fähre	20	87
Glühender Haß	Vulkan	7	41
Glut	Vulkan	8	44
Glut	Vulkan	10	51
Goldene Berge	Gebirge	11	55
Golem	Siedlung	14	64
Gordischer Knoten	Dorf	15	67
Gould-Weg	Landstraße	19	82
Grandios	Siedlung	18	79
Grausen	Gebiet	14	64, 65
Grauer Star	Siedlung	20	87
Gregor-Samsa-Straße	Straße	19	82
Grenzenlos	Gebiet	21	90
Grenzverschiebung	Grenze	2	20
Grimmig	Siedlung	7	41
Groll	Dorf	3	24
Groß-Chaotisburg	Stadt	15	67
Große Überraschung	Siedlung	16	71
Große Weitewelt	Aussichtsturm	16	71
Große-Klappe-Express	Bahnlinie	11	54, 55
Größer	Siedlung	11	55
Grosser Brand	Bucht	17	75
Großer Bruderweg	Schnellstraße	19	83
Großer Umformer	Industrie	19	82
Großer Weinstein	Gipfel	17	74
Großes Schlemmen		**17**	**74, 75**
Grübelei	Dorf	20	87
Grübeln	Hügel	2	20
Grundannahme	Siedlung	2	20
Grundfesten	Vulkan	20	87
Grundgang	Meeresstraße	2	20
Grüne Wiese	Gebiet	11	55
Gulliver	Siedlung	16	71
Gurke	Siedlung	17	74
Gurren	Siedlung	18	79
Gute Besserung!	Siedlung	6	37
Gute-Besserungs-Stift	Hospital	19	83
Gute Freunde	Dorf	18	79
Gute Idee	Dorf	8	45
Gutwetter	Dorf	18	79
Gutwetter	Dorf	20	86

H

NAME	ART	KARTENNUMMER	SEITE
Hafen der Ehe	Bucht	10	51
Ha-Hafen	Siedlung	18	78
Hähnchenflügel	Siedlung	17	74
Halbstarker	Siedlung	3	25
Halbstarker	Siedlung	4	28
Halbwahrheit	Siedlung	3	24
Halbwegs	Siedlung	5	33
Halltunnel	kl. Tunnel	18	79
Halluzination	Aussichtsturm	2	21
Halsstarr	Siedlung	7	40
Hamburg	Siedlung	17	74
Handel	Schnellstraße	12	56, 57
Handel	Landstraße	12	56, 57
Handlungen	Stadt	11	54
Handy	Industrie	11	54
Happy End	Leuchtturm	5	33
Harte Tour	Gebirge	14	65
Häßlichkeit	Siedlung	8	45
Häßlichkeit	Dorf	10	51
Hauptsache	Siedlung	2	21
Hawking	Fähre	2	21
Heftig	Dorf	10	51
Hege&Pflege	Gut/Burg	18	79
Hege&Pflege	Gut/Burg	20	86
Heikel	Siedlung	8	44
Heikel	Siedlung	10	51
Heimlichkeit	Gebiet	1	17
Heimsuchung	Siedlung	6	37
Heimsuchung	Siedlung	7	40
Heimweh	Stadt	18	79
Hein Blöd	Siedlung	16	71
Heisenberg-Stieg	Straße	19	82
Heiß	Siedlung	18	78
Heißer Brei	Gebiet	3	24
Heiterkeit	Dorf	18	78
Heiterkeitsausbruch	Dorf	18	78
Heldentum	Siedlung	14	65
Herabsetzen	Siedlung	7	41
Herausforderung	Dorf	3	25
Herausforderung	Siedlung	16	71
Herb	Dorf	17	75
Herb	Siedlung	17	75

Name	Art	Kartennummer	Seite
Herbeiwünschen	Siedlung	2	21
Herbstwald	Gebiet	18	79
Herbstwald	Laubwald	20	86
Herkunft	Dorf	20	86
Herrlicher Blick	Leuchtturm	20	86
Herrsche	Stadtteil	15	67
Herumgammeln	Kreisstraße	5	32, 33
Herumhängen	Siedlung	5	33
Herumhorchen	Siedlung	11	54
Herumreden	Fluß	3	24
Herumreiten	Siedlung	5	33
Herumtrödeln	Gebiet	4	28
Herumtr-Öde-Ln	Siedlung	5	33
Herunterbeten	Dorf	15	67
Herunterschlucken	See	5	33
Herz	Stadt	3	25
Herz	Stadt	10	51
Heucheln	Siedlung	3	24
Heulen	Siedlung	3	25
Heute	Grenze	12	57
Hexenkessel	See	15	67
Hier	Siedlung	16	70
Hier können Familien Kaffee kochen	See	17	75
Hilfe	Siedlung	16	71
Himmel & Erde	Siedlung	17	74
Hingabe	Dorf	8	44
Hingabe	Bahnlinie	10	51
Hinnahme	Gebiet	10	51
Hinnahme	Gebiet	12	56
Hintenherum	Landstraße	4	28
Hintertreiben	See	7	40
Hmm!	Dorf	18	79
Hmm...	Siedlung	9	48
Hmm...	Siedlung	17	74
HMS Bounty	Fähre	16	71
Hoch-Achtend	Siedlung	11	54
Hochdrucklabor	Gebäude	19	82
Hochgehen	Flugplatz	4	28
Hochkommen	See	8	45
Hoch-Mut	Siedlung	3	25
Hoch-Mut	Gebirge	14	64, 65
Hochscheuchen	Fluß	12	56, 57
Hochspannung	Industrie	10	51
Hochtrab	Siedlung	3	25
Hoch-Vergnügen	Kreisstraße	18	79
Hoch-Vergnügen	Siedlung	20	86
Hochzeitstag	Siedlung	9	49
Hoffnung	Gipfel	3	24
Hoher Stapel	Gipfel	3	25
Höhere Mathematik	Insel	9	49
Hohes Roß	Dorf	14	65
Hohn	Dorf	7	41
Holzweg	Siedlung	9	48
Honig	See	18	79
Hopsen	Siedlung	18	79
Hopsen	Siedlung	20	86
Humor	Dorf	8	45
Hunger	Kreisstraße	4	28
Hüpfen	Siedlung	10	51
Hypochondrie	Gebiet	6	36
Hypothese	Siedlung	2	20
Hypothesengasse	Landstraße	19	82
Hysterie	Dorf	2	20
Hysterie	Dorf	8	44

I

Name	Art	Kartennummer	Seite
Ich-war's-nicht-Linie	Bahnlinie	3	25
Ich-war's-nicht-Linie	Bahnlinie	19	82
Ideale	Dorf	3	24
Ideale	Dorf	10	51
Ikarus	Flugplatz	2	20
Ikarus	Flugplatz	8	44
Illusion	Siedlung	3	24
Im Dreck	Gebiet	14	65
Im Reinen	See	3	25
Im-Fluß	Fluß	4	28
Immer	Dorf	18	79
Immer wieder	Siedlung	5	33
Immun	Gut/Burg	6	37
Importhafen	Dorf	12	56
Improvisation	Gebiet	15	67
In der Fremde	Gebiet	16	71
Ind-Essen	Siedlung	3	25
In die Ferne	Siedlung	21	90
In die Hose	Fluß	16	70
In Watte	Gebiet	6	36
In Zwischen	Siedlung	6	37
Inferno	Vulkan	14	64
Initiative	Siedlung	11	54
Inlandsschalter	Siedlung	5	32
Innere Kündigung	Schnellstraßen	11	54
Institut für Entscheidungslosigkeit	Gebäude	19	82
Institut für Subversive Aktivitäten	Gebäude	19	82
Institut für Umständlichkeit	Gebäude	19	82
Intensität	Dorf	8	44
Intim	Dorf	18	78
Intuition	Großstadt	2	20
Irrtum	Dorf	3	24
Irrweg	Landstraße	3	25
Isolation	Siedlung	7	41

J

Name	Art	Kartennummer	Seite
Jammern	Dorf	6	36
Jauchzen	Siedlung	4	29
Jenseitssicht	Leuchtturm	16	70
Jenseitssicht	Leuchtturm	21	90
Jet Lag	Flugplatz	11	54
Jet Lag	Flugplatz	12	57
Jubilieren	Dorf	10	51
Juchzen	Siedlung	18	78
Jugend	Gebiet	3	25
Jugend	Gebiet	4	28
Jurij Gagarin	Siedlung	16	71
Justitia	Gebäude	19	83

K

Name	Art	Kartennummer	Seite
Kaffeekränzchen	Siedlung	18	79
Kaffeekränzchen	Siedlung	20	86
Kälte	Gebiet	6	37
Kälte		7	**40, 41**
Kälte	Gebiet	7	40, 41
Kalter Schweiß	See	14	65
Kälteweg	Landstraße	19	83
Kann jemand bitte das Licht einschalten?	Siedlung	5	33
Käpt'n Blaubär	Siedlung	16	71
Käpt'n Nemo	U-Boot	16	71
Katzenjammer	Dorf	3	25
Kauderwelsch	Siedlung	16	71
Kehrseite	Straße	19	82
Kehrtwende	Landstraße	19	82
Keim	See	21	90
Kein öffentlicher Zugang	Gebiet	20	87
Kein Problem	Dorf	16	70
Kennichschon	Siedlung	5	33
Kerne	Siedlung	2	20
Ketchup	Siedlung	17	74
Kick	Dorf	16	70
Kieler Sprotten	Siedlung	17	74
Kitzeln	Siedlung	4	28
Kl. Nußecke	Gipfel	17	75
Klamm	Siedlung	14	65
Klaps-Mühle	Dorf	20	87
Klären	See	8	45
Klarheit	Insel	2	21
Klarheit	Insel	3	24
Klärung	Fluß	3	24
Klatsch	Siedlung	3	24
Kleiner Durst	Bucht	17	75
Klinik Dr. Brinkmann	Siedlung	20	87
Klopfen	Siedlung	3	25
Kneippsee	See	18	79
Kneippsee	See	20	86
Knistern	See	18	79
Knochenbruch	Gebiet	20	86, 87
Kochstelle	Insel	17	75
Kombination	Siedlung	8	45
Komfort	Dorf	4	29
Komfort	Dorf	5	32
Kommen wir nun zu....	Siedlung	5	33
Kommen wir zurück auf...	Siedlung	5	33
Kompaßweg	Dorf	16	70
Komplott	Siedlung	1	17
Komplott	Siedlung	7	40
Komposition	Stadt	2	21
Komposition	Stadt	8	45
Konservierung	Industrie	20	87
Konstrukt	Dorf	2	21
Konterrevolution	Stadtteil	19	82
Kontext	Stadtteil	19	83
Muss-ich-wissen-Basis	Flugplatz	1	17
Konzentration	Gipfel	8	45
Kopf- oder Zahlmeisterei	Platz	19	82
Kopflos	Siedlung	15	67
Kopfunter	See	16	70
Korkenzieher	Siedlung	17	74
Krabbeln	Fluß	5	32
Kramen	Siedlung	5	33
Kränkeln	Siedlung	6	36
Kränkung	Gebiet	7	41
Kreativität	Gebiet	2	21
Kreativität	Gebiet	8	45
Kreativität	Gebiet	10	51
Kresse	Fluß	17	75
Kriechgang	Bundesstraße	20	86, 87
Krimskrams	Siedlung	20	87
Kühles Blondes	Siedlung	18	79
Kulturschock	Vulkan	16	70
Kummer	Siedlung	6	36
Künste	Gebiet	8	45
Künste	Gebiet	10	51
Kur-Isches Haff	Meer	6	36
Kurs-Rutsche	Straße	19	83
Kursschwankungen	Fähre	19	83
Kuß	Dorf	8	45
Kuß	Siedlung	10	51
Küste der Erinnerungsschätze	Gebiet	20	86, 87
Küste der Stürme	Meer	6	37
Küste der Stürme	Bucht	7	40
Küste des Brandes	Bucht	17	75

L

Name	Art	Kartennummer	Seite
Labskaus	Insel	17	74
Lächeln	Dorf	8	45
Lächeln	Dorf	10	51
Lachen	Dorf	8	45
Lachen	Dorf	10	51
Lachen	Dorf	12	56
Lager	Stadtteil	12	56
Lamarck-Weg	Straße	19	82
Landesverräter	Insel	7	40
Lange Sommerabende	Gebiet	18	78, 79
Lange Zähne	Bucht	17	74
Langer Breit-Fluß	Kanal	19	83
Lärche	Siedlung	18	79
Lassen	Gebiet	3	25
Laue Brise	Siedlung	18	79
Laues Lüftchen	Siedlung	13	61
Laufen Lassen	Fluß	5	33
Laufpaß	Siedlung	20	87
Laute	Gebiet	8	45
Läuterung	Gebiet	14	65
Lax	Fluß	15	67
Lebertran	See	6	36
Leckermaul	Siedlung	17	74
Leckermaul	Bucht	17	75
Leere (Nichts)		13	**60, 61**
Leere	Gebiet	11	55
Lehre	Stadt	2	21
Lehren	Gebiet	2	21
Leichenschauhaus	Gebäude	19	83
Leidenschaft		10	**50, 51**
Leiden-Schafft	Dorf	3	24
Leidensweg	Landstraße	19	83
Lendenlahm	Siedlung	5	32
Lerche	Siedlung	18	79
Leuchtendes Beispiel	Leuchtturm	5	32
Leuchtendes Beispiel	Leuchtturm	6	36
Leuchtenfabrik	Platz	19	82
Licht	Leuchtturm	8	45
Licht	Leuchtturm	10	51
Lichtpunkt	Leuchtturm	6	36
Liebäugeln	Leuchtturm	10	51
Liebe	Siedlung	1	17
Liebe	Gebiet	10	51
Lieberlangertag	Dorf	18	79
Lieberlangertag	Dorf	20	86
Liebesbriefe	Siedlung	20	87
Liebkosen	Dorf	10	51
Liliput	Siedlung	16	71
Limit	Dorf	11	55
Linsengericht	Siedlung	4	29
Linsengericht	Siedlung	5	32
Lippenlecken	Siedlung	17	74
List	Dorf	3	24
Livingstone, wie ich annehme	Siedlung	16	71
Lohnstreifen	Gebiet	11	55
Loslassen	Siedlung	16	71
Löschen	Siedlung	3	25
Lücken	Landstraße	19	83
Luftikus	Flugplatz	2	21
Luftschloß	Gut/Burg	11	55
Luftschlösser	Gut/Burg	2	21
Lügen	Siedlung	11	54
Lusitania	Wrack	20	87
Lust	Dorf	10	51
Luxus	Bucht	11	55

M

Name	Art	Kartennummer	Seite
Mäandern	Fluß	5	32
Macht	Gebiet	11	55
Macht	Gut/Burg	3	24
Magensäure	Fluß	17	74
Mangel	Siedlung	13	61
Märchen	Siedlung	2	21
Marinade	Gebiet	17	74
Marktlücke	Siedlung	11	55
Maßlosigkeit	See	10	51
Meckermann	Dorf	18	79
Medizin	Siedlung	6	36
Meer der Meeresfrüchte	Meer	17	75
Meer der Ruhe	Meer	20	87
Meer des Strebens	Meer	2	20
Meer des Strebens	Meer	8	44
Meer der Möglichkeiten	Meer	1	17
Meer der Möglichkeiten	Meer	4	28
Meer des Überflusses	Meer	18	78, 79
Mehr	See	11	55
Mein	Dorf	15	67
Meinungen	Siedlung	8	45
Meisterallerklassen	Dorf	16	70
Melange	Fluß	15	67
Menü	Stadt	17	74
Messner	Siedlung	16	71
Methode	Dorf	2	20
Miasma	See	14	65
Mischen	Fluß	8	45
Mißgunst	Siedlung	7	40
Mißtrauen	Siedlung	7	40
Mißtrauen	Dorf	3	25
Mißverständnisse	Gebiet	15	67
Mist	Fluß	15	67
Mist	Dorf	15	67
Mit ohne Jacke	Siedlung	6	37
Mit ohne Jacke	Siedlung	7	40
Mitbewerber	Wrack	12	56
Mitbewerber	Wracks	12	56
Mitleid	Siedlung	14	65
Mitnahme	Fähre	21	90
Mmm!	Siedlung	17	74
Mo(nu)ment	Gebäude	19	83
Moby Dick	Wal	16	71
Momentchen noch	Siedlung	5	33
Mononatriumglutamat	Industrie	17	74
Morast	See	15	67
Morgen	Grenze	12	57
Morgenmuffel	Siedlung	4	28
Most	Fluß	17	74
Mr. Hyde	Industrie	16	71
Mt. Gorgonzola	Gipfel	17	75
Mt. Sambal	Vulkan	17	74
Mulch	Siedlung	18	79
Mulch	Siedlung	20	86
Mundgeruch	Siedlung	17	75
Mürbe	Siedlung	20	87
Murks	See	15	67
Muscheln	Strand	20	87
Museum für Moderne Künste	Gebäude	19	82
Müllhalde	Park	19	82
Museumspark	Park	19	82
Museumsplätzchen	Platz	19	82
Musik	Dorf	8	45
Musik	Dorf	10	51
Müssen	Dorf	11	54
Muss-ich-wissen-Basis	Flugplatz	1	17
Mut	Stadt	3	25
Mut	Siedlung	14	65
Mut	Gebiet	14	65
Mut der Verzweiflung	Gebiet	14	64
Mythos	Siedlung	21	90

N

Name	Art	Kartennummer	Seite
Na, und?	Siedlung	18	78
Nach Abenteuer	Fähre	5	33
Nach Angst und Beben	Landstraße	16	70
Nach Canossa	Fähre	3	24
Nach Dort	Flug	21	90
Nach Erinnerungen/Grübelei	Fähre	9	48
Nach Frittenbude	Fähre	18	78
Nach Geheimnisse	Fähre	3	25
Nach Geheimnisse	U-Boot	2	21
Nach Genuß	Fähre	18	79
Nach Genuß	Fähre	20	86
Nach Genuß	Fähre	21	90
Nach Gesundheit	Fähre	16	70
Nach Großes Schlemmen	Fähre	18	78
Nach Hier	Fähre	21	90
Nach Lange Sommerabende	Fähre	17	75
Nach Lange Zähne	Fähre	5	32
Nach Schwarzmalerei	Fähre	1	17
Nach Wahnsinn (Wissen)	Fähre	16	71
Nach Wiedersehen	Fähre	4	29
Nach Wiedersehen	Route	7	40
Nachbarn	Dorf	4	29
Nachgeschmack	Fluß	17	75
Nachhinein	Siedlung	11	55
Nachhinein	Siedlung	18	79
Nachhinein	Siedlung	20	86
Nach-Lassen	Dorf	3	25
Nachname	Siedlung	9	49
Nachschulung	Siedlung	3	25
Nach-Seen	See	3	25
Nachsehen	Aussichtsturm	3	25
Nachsehen	Aussichtsturm	3	24
Nächste Woche	Grenze	12	57
Nächster Monat	Grenze	12	57
Nachweis	Dorf	6	36
Name	Dorf	9	49
Namen	Insel	9	49
Napoleon	Siedlung	14	65
Nasse Füße	Siedlung	5	32
Nebenbei...	Siedlung	5	33
Nebensachen	Dorf	2	20
Nebensachen	Siedlung	8	44
Nebenwirkung	Fluß	6	36
Nee-Nee	Siedlung	5	32
Negieren	Siedlung	21	90
Nehmen wir an...	Siedlung	5	33
Neid	Siedlung	11	55
Neid	Dorf	18	79
Neigung	Siedlung	6	36
Neil Armstrong	Dorf	16	71
Neubaugebiet	Stadtteil	19	83
Neu-Reihenhäuschen	Siedlung	5	33
Newton	Wrack	2	21
Nicht essentiell, aber...	Siedlung	5	33
Nichts	Siedlung	5	32
Nieder-Daumen	Ruine	15	67
Niederlage	Stadt	14	64
Nieder-Schmettern	Siedlung	16	70
Nieder-Schreien	Lärm	15	67
Niemals	Lärm	15	67
Nierenschalen	Fluß	6	36
Niesel	Siedlung	5	33
Nippen	Siedlung	20	86
Nirgendwo	Gebiet	13	61
Nixwie-Weg	Schnellstraße	[illegible]	70
Noch-'ne-Runde	Siedlung	17	75
Noch-'ne-Runde	Siedlung	18	78
Nocturne	Siedlung	10	51
Nölen	Siedlung	6	36
Nordlicht	Leuchtturm	7	40
Nord-Reihenhäuschen	Siedlung	5	33
Nostalgie	Dorf	20	87

Name	Art	Kartennummer	Seite
Not-Operation	Dorf	6	36
Notsignal	Dorf	16	70
Nunja	Dorf	5	33

O

Name	Art	Kartennummer	Seite
Oase der Ruhe	See	13	61
Oben-Auf	Gipfel	6	36
Ober!	Siedlung	17	75
Ober!	Siedlung	18	78
Ober-Reihenhäuschen	Siedlung	5	32
Obstruktionsplatz	Platz	19	82
Öde	Gebiet	5	32
Ödwald	Laubwald	4	29
Ödwald	Laubwald	5	32
Odysseus	Siedlung	16	71
Offen	Dorf	3	25
Offen	Dorf	10	51
Offene See	Meer	16	71
Öh...	Siedlung	5	33
Öh...	Dorf	9	48
Öhm...	Siedlung	9	48
Ohnmacht	Gut/Burg	20	87
Omen	Stadt	14	64
Omen	Stadtteil	19	83
Opernglas	Leuchtturm	18	79
Optionen	Gebiet	3	25
Ordnung	Aussichts-turm	4	29
Ordnung	Dorf	2	20
Ordnung	Dorf	8	45
Ordnung	Gebiet	15	67
Organisation	Siedlung	2	20
Orientierung	Stadt	3	24
Ost-Reihenhäuschen	Siedlung	5	33
Ovationen	Siedlung	18	78

P

Name	Art	Kartennummer	Seite
Pampa	Insel	6	37
Panik	Dorf	6	36
Panik	Dorf	16	70
Pantoffelkino	Siedlung	4	29
Pantoffeln	Siedlung	4	28
Paradox	Dorf	8	44
Paraphe	Siedlung	11	54
Peinliche Wahrheit	Ruine	1	17
Pellkartoffeln	Siedlung	4	29
Pellkartoffeln	Siedlung	5	32
Perlen	See	18	79
Perspektive	Leuchtturm	7	40
Pessimismus	Siedlung	14	65
Peter Stuyvesant	Siedlung	16	71
Pfiffig	Siedlung	18	78
Pflaster	Siedlung	6	36
Pflege	Stadt	6	36
Pflege	Damm	20	87
Pflegeversicherungs-straße	Landstraße	19	82
Pflicht	Dorf	3	25
Pfusch	Dorf	15	67
Phantasie	Großstadt	2	21
Phantasien	Siedlung	1	17
Phobie	Dorf	6	36
Pickel	See	6	36
Picknick	Siedlung	18	79
Picknick	Siedlung	20	86
Picobello	Siedlung	4	29
Piekser	Siedlung	6	36
Pilatus	Dorf	11	55
Pincode	Siedlung	9	49
Pipeline aus Entstehen	Pipeline	8	45
Pipeline aus Entstehen	Pipeline	13	60, 61
Pipeline aus Entstehen	Pipeline	19	82
Pipeline aus Nicht-Sein	Pipeline	19	82
Pipeline aus Sein und Vergang	Pipeline	19	82
Pisa	Gut/Burg	20	87
Planschmiede	Gebäude	19	82
Planung	Stadt	3	25
Plärren	Lärm	4	28
Platonische Liebe	Gut/Burg	10	51
Plätscherbach	Fluß	13	61
Plätten	Siedlung	16	70
Platz der Klage	Landstraße	19	83
Platz des 33. August	Platz	19	82
Platz des Verkehrs-Chaos	Platz	19	83
Playa del Mayo	Bucht	17	74
Plunder	Fluß	15	67
Pointe	Siedlung	9	48
Polieren	Siedlung	8	45
Pommes	Siedlung	17	74
Pontius	Dorf	11	55
Post!!	Dorf	4	29
Potential	Gebiet	12	56
Pracht	Siedlung	18	78
Pracht	See	20	86
Prahlen	Siedlung	3	25
Präsentation	Siedlung	11	54
Propaganda	Gebiet	3	24
Prothese	Siedlung	20	86
Protz	Siedlung	3	25
Provokation	Gebäude	19	83
Prüfamt	Gebäude	19	82
Pulverfässer	Weiher	19	82
Punkt 1	Siedlung	5	33
Punkt 2	Siedlung	5	33
Punkt ohne Wiederkehr	Siedlung	16	71

Q

Name	Art	Kartennummer	Seite
Q.B.A	Siedlung	17	75
Qual	Siedlung	6	36
Quarantäne	Gebiet	6	36
Quell der Eingebung	Gebiet	8	45
Quell des Ärgernisses	See	5	33

R

Name	Art	Kartennummer	Seite
R.-Gebenheit	Dorf	14	64
Räderwerk	Gebäude	19	83
Radikal	Dorf	2	20
Raffgier	Dorf	15	67
Rat	Dorf	2	21
Raten	Siedlung	2	20
Raten	Siedlung	3	25
Rechnung	Dorf	17	74
Recht des Stärkeren	Gebäude	19	82
Redefluß	Fluß	8	45
Redefluß	Fluß	10	51
Reflektion	See	3	25
Reformation	Gebäude	19	82
Reformationsplatz (im Bau)	Platz	19	83
Regelmaß	Gebiet	4	29
Regelmaß	Gebiet	5	32
Regungslos	See	18	78
Reichweite	Gebiet	21	90
Reihenhäuschen	Dorf	5	33
Reihenhäuschen-Hafen	Leuchtturm	5	32
Reihenhäuschen-Mitte	Siedlung	5	33
Reliquie	Siedlung	18	79
Reliquie	Siedlung	20	86
Reputation	Siedlung	3	25
Requiem	Siedlung	20	86
Reue	Siedlung	7	40
Reue	Siedlung	20	87
Revisionsviertel	Stadtteil	19	82
Revolution	Stadtteil	14	64
Revolution	Stadtteil	19	82
Riechsalz	Dorf	6	37
Riesenkuchen	Industrie	18	79
Riesling	Siedlung	17	75
Risiko	Dorf	3	25
Rituale	Siedlung	18	79
Rituale	Siedlung	20	86
Rituale	Siedlung	21	90
Robinson	Siedlung	16	71
Roque-Fort	Gut/Burg	17	75
Rot	Siedlung	17	71
Rotwein	See	17	74
Roulade	Dorf	5	32
Routine	Siedlung	5	32
Rückbesinnung	Dorf	20	86
Rückblick	Leuchtturm	20	87
Rückenwind	Siedlung	11	55
Rückkehr	Dorf	18	79
Rückruf	Siedlung	11	54
Rückschlagwetter	Straße	19	82
Rückstand	Ruine	15	67
Ruhe nach dem Sturm	Siedlung	11	55
Ruhesitz	See	18	79
Ruhesitz	See	20	86
Ruhesitz	See	11	55
Ruhige See	Leuchtturm	4	29
Ruhiges Fahrwasser	Fähre	7	40
Ruhm	Gut/Burg	3	25
Rührung	Siedlung	3	25
Rührung	Dorf	10	51
Rumkommen	Fluß	11	55
Runzel	Fluß	20	86

S

Name	Art	Kartennummer	Seite
Salz	Dorf	17	75
Sammelsurium	Dorf	15	67
Sarkasmus	Fluß	7	41
Satt	Siedlung	17	74
Satt & Zufrieden	Dorf	4	29
Säule der Veränderung	Brunnen	19	82
Saumagen	Siedlung	17	74
Saure Trauben	Siedlung	3	24
Schaden	Siedlung	3	25
Schäkern	Siedlung	18	79
Schalter 1	Siedlung	5	32
Schalter 2	Siedlung	5	32
Schalter 3	Siedlung	5	32
Schalter 4	Siedlung	5	32
Schalter 4b	Siedlung	5	32
Scham	Dorf	20	87
Schämen	Dorf	3	24
Schande	Siedlung	3	24
Schau(d)er	Gebiet	6	37
Schau(d)er	Gebiet	7	40
Schaukel	Siedlung	3	25
Schaukel	Siedlung	4	28
Schaukeln	See	18	78
Schaumwein	Bahnlinie	17	74, 75
Schauspiel	Gut/Burg	20	87
Scheeler Blick	Siedlung	11	55
Scheeler Blick	Siedlung	18	78, 79
Scheinheiligkeit	Dorf	3	24
Schein-Park	Park	19	82
Scheitern	Siedlung	11	55
Scherzo	Siedlung	10	51
Scheuen	Siedlung	3	24
Scheuklappen	Siedlung	14	65
Schicksal	Dorf	11	54
Schiefe Ebene	Straße	19	82
Schiefe Ebene	Gebiet	14	64
Schielen	Leuchtturm	18	79
Schielen	Leuchtturm	20	86
Schiffbruch	Wrack	3	24
Schlachthaus	Gebäude	19	83
Schlag	Spannung	16	70
Schlager von einst	Siedlung	18	79
Schlager von einst	Siedlung	20	86
Schlamm	See	15	67
Schlamperei	Dorf	15	67
Schlapp	Siedlung	5	32
Schlendrian	Großstadt	5	33
Schlendrian	Fluß	5	33
Schluck Wasser	See	5	33
Schlürfen	Siedlung	4	29
Schluß	Grenze	21	90
Schlüssel	Stadt	9	48
Schmacht	Siedlung	10	51
Schmähung	Gebiet	7	40, 41
Schmalz	Fluß	17	74
Schmatzen	Siedlung	4	29
Schmetterarien	Geräusch	4	28
Schmugglerpfad	Landstraße	14	65
Schmunzeln	Siedlung	20	87
Schmutz	Dorf	4	28
Schmutzige Hände	Dorf	3	24
Schmutzige Wäsche	Siedlung	4	28
Schnauzevoll	Siedlung	16	71
Schneiden	Siedlung	7	41
Schniefen	Siedlung	6	37
Schniefen	Siedlung	7	40
Schnuppern	Siedlung	18	79
Schokolade	Siedlung	17	74
Schönheit	Dorf	8	45
Schönheit	Dorf	10	51
Schönheit	Straße	19	82
Schönheit	Insel	20	87
Schöpfung	Stadt	8	45
Schreibblock	Gebäude	19	82
Schubsen	Siedlung	3	25
Schuld	Siedlung	3	24
Schulung	Siedlung	3	25
Schüttelfrost	Siedlung	6	37
Schüttelfrost	Siedlung	7	40
Schwadronieren	Siedlung	2	20
Schwadronieren	Siedlung	8	45
Schwänzen	Siedlung	3	25
Schwarte	Strand	17	74
Schwarzmalerei	Dorf	2	21
Schwelgen	Siedlung	8	45
Schweigen	Siedlung	10	51
Schweigen	Siedlung	11	54
Schweinestall	Dorf	4	28
Schweiß des Angesichts	Fluß	11	54
Schwelen	Vulkan	3	24
Schwelgen	See	6	36
Schwermut	Gebiet	20	87
Schwindelerregend	Flugplatz	16	70
Schwindelnde Höhen	Gebirge	14	65
Scott	Dorf	16	71
See der	Meeres-straße	9	49
Seebestattung	Fähre	20	87
Seetüchtigkeit	Meer	20	86,87
Seh(n)süchtig	Leuchtturm	5	32
Sehnen	Siedlung	21	90
Seifenoper	Industrie	5	33
Sekretärin	Siedlung	5	33
Selbsterkenntnis	Dorf	13	61
Selbstvertrauen	Dorf	2	20
Selbstvertrauen	Dorf	13	60
Serenade	Geräusch	10	51
Seufzer	Siedlung	14	65
Sicher	Siedlung	6	36
Sicherer Hafen	Hafen	4	29
Sicherheit	Gebiet	4	29
Sicherheit	Gebiet	5	32
Sickern	Fluß	5	32
Sieb	Insel	9	48, 49
Siehst du wohl	Leuchtturm	2	21
Silikon Valley	Gebiet	20	87
Simmern	See	17	74
Sinnlos	Siedlung	5	32
Sirup	Fluß	17	75
Sitte & Anstand	Gut/Burg	4	29
Sitte & Anstand	Gut/Burg	5	32
Sitzung	Dorf	11	55
Sitzungen	Gebiet	5	33
Skepsis	Dorf	16	70
Snack	Siedlung	11	54
Snack	Siedlung	18	78
Sofa	Gebiet	4	29
Sof-Ort	Dorf	3	25
Sommertage	Gebiet	18	79
Sonderling	Dorf	2	21
Sonntagnachmittag	Siedlung	5	32
Sonntagnachmittag	Dorf	4	29
Sonntags	Dorf	18	79
Sonntags	Dorf	20	86
Sorgen	Kreisstraße	6	36
Soso	Siedlung	11	55
Souvenir	Siedlung	18	79
Souvenir	Siedlung	20	86
Spätlese	Siedlung	17	75
Spazierweg	Kreisstraße	18	79
Spazierweg	Kreisstraße	20	86
Spearmint	Insel	17	75
Sperrzone	Grenze	13	60
Spiegel	See	20	86
Spiegeln	See	8	45
Spiele	Stadt	10	51
Spionage	U-Boot	1	17
Spitze	Gipfel	7	40
Spitze	Gipfel	18	78
Spitze des Eisbergs	Insel	7	40
Sprachlosigkeit	Siedlung	8	45
Springen	Siedlung	18	79
Springen	Siedlung	20	86
Spröde	Dorf	7	41
Spurt	Siedlung	10	51
Spurt	Siedlung	12	56
Stadium	Stadion	19	82
Standfest	Siedlung	20	86
Stark	Gebiet	16	70, 71
Starker Tobak	Dorf	16	70
Starker Tobak	Dorf	14	65
Starr	Dorf	20	87
Starrsinn	Fluß	20	86
Stau	Schnellstraßen		55
Staunen	Dorf	18	78
Stechen	Stadtteil	15	67
Steckenbleiben	Insel	7	41
Steckenpferd	Siedlung	18	79
Steckenpferd	Siedlung	20	86
Steigen	Flugplatz	10	51
Steigen	Flugplatz	12	57
Stieren	Siedlung	5	32
Stieren	Leuchtturm	18	79
Stieren	Leuchtturm	20	86
Still & Leise	Siedlung	3	25
Stille	Geräusch	13	60
Stille Ecke	Siedlung	4	29
Stimulanz	Siedlung	12	56
Stinknormal	Stadt	4	28
Stöbern	Dorf	4	28
Stolperstein	Dorf	16	71
Stolpersteinstraße	Straße	19	82
Strahlen	Leuchtturm	20	87
Strandball	Insel	18	79
Straße der Unentschlossenheit	Landstraße	19	82
Straße des Zweifels?	Landstraße	19	82
Strategie	Siedlung	1	17
Stratocumuluspfad	Straße	19	82
Streben	Siedlung	11	55
Streicheln	Siedlung	18	78
Stress	Stadt	11	54
Streunen	Strand	18	79
Strohhalm	Siedlung	14	65
Strom der Eingebung	Fluß	8	45
Strömen	Dorf	6	37
Strömen	Dorf	7	40
Stromern	Gebiet	18	79
Stromern	Gebiet	20	86
Stromschnellen	Fluß	11	54
Stromschnellen	Fluß	16	70
Strotzen	See	6	37
Strudel	Weiher	19	83
Stubenhocker	Leuchtturm	4	28
Stürmisch	See	10	51
Stürmisch	See	8	44
Subversion	Gebäude	19	82
Suchen	Laubwald	8	45
Süd-Reihenhäuschen	Siedlung	5	33
Sühne	Gebiet	3	24
Suizid-Turm	Gebäude	19	82
Suizid-Turm	Siedlung	5	32
Sülze	Dorf	17	74
Sumpf der Langeweile		**5**	**32, 33**
Sumpf der Langeweile	Sumpf	5	32, 33
Suppe	Dorf	17	75
Süß	Dorf	17	75
Süße Zitrone	Siedlung	3	24
Symbiose	Siedlung	20	86
Symbole	Dorf	2	20
Symbole	Dorf	8	44
Symptom	Siedlung	6	36
Synthese	Siedlung	2	20
Synthese	Stadtteil	19	83

T

Name	Art	Kartennummer	Seite
Tageintagaus	Dorf	4	29
Tageintagaus	Dorf	5	32
Tagessuppe	See	17	74
Tagträume	Siedlung	18	79
Tagung	Siedlung	2	20
Talent	Gipfel	3	25
Tamtam	Siedlung	15	67
Tan	Insel	17	75
Tarnung	Gebiet	1	17
Tatsächlich aber...	Siedlung	5	33
Taumeln	Siedlung	7	41
Teile	Stadtteil	15	67
Testbild	Siedlung	5	32
The Rocks	Gipfel	17	74
These	Stadtteil	19	82
These	Straße	19	82
Tiefdrucklabor	Gebäude	19	82
Tiefe	See	16	70
Tiefe	See	21	90
Tiefe Rätsel	Gebiet	1	17
Tiefer Sand	Strand	5	33
Tiefgang	Meeresstraße	2	20
Tief-Seufzer	Siedlung	18	79
Tief-Seufzer	Siedlung	20	86
Titanic	Wrack	7	40
Toben	Dorf	6	37
Toben	Dorf	7	40
Tofu	Insel	17	75
Top Secret	Gipfel	1	17

1
2
3
4
5
8
10
11
12
13
17
18
19
20